Trennung

AF160489

Eine
Patchworkfamilie
für Mia

Lilly Fröhlich

Trennung

Eine Patchworkfamilie für Mia

Band 1

Impressum

Bibliografische Information der Deutschen Nationalbibliothek: Die Deutsche Nationalbibliothek verzeichnet diese Publikation in der Deutschen Nationalbibliografie; detaillierte bibliografische Daten sind im Internet über http://dnb.dnb.de abrufbar.

TWENTYSIX – Der Self-Publishing-Verlag
Eine Kooperation zwischen der Verlagsgruppe Random House und BoD – Books on Demand

© 2020 Lilly Fröhlich, überarbeitete Fassung

Herstellung und Verlag:
BoD – Books on Demand, Norderstedt

ISBN: 978-3-740-765576

Illustrationen: Lilly Fröhlich, © Lilly Fröhlich
Cover: Lilly Fröhlich/Isabelle Ferrara,
© 2020 Lilly Fröhlich

Alle Rechte vorbehalten.

Das vorliegende Werk ist mit all seinen Teilen urheberrechtlich geschützt und darf – auch teilweise – nur mit Genehmigung der Autorin wiedergegeben werden. Das Kopieren, die Digitalisierung, die Farbverfremdung und Ähnliches stellt eine urheberrechtlich relevante Vervielfältigung darf. Verstöße gegen den urheberrechtlichen Schutz sowie jegliche Bearbeitung der hier erwähnten schöpferischen Elemente sind nur mit ausdrücklicher vorheriger Zustimmung des Verlags und der Autorin zulässig.

Inhaltsverzeichnis

Schlechte Laune 12

Der Zoobesuch 23

Alles wird anders 37

Übernachtung 49

Liebeskummer 59

Ein Anfang 70

Lucy 80

Böse Zungen 90

Wo ist Fridolin? 99

Weihnachten 108

Pinguininternat 121

Sensation in Bärenklau 126

Osterüberraschung 134

Aufregung im Zoo 145

Ende gut, alles gut 152

Steckbrief:

Name: Mia Maibaum

Alter: 8 Jahre

Adresse: Bärenklau

Was ich mag: Pinguine, Malen

Was ich nicht mag: Streit

Was ich werden will: Tierpflegerin

Steckbrief:

Name: Tom Maibaum

Alter: 35 Jahre

Adresse: Bärenklau

Was ich mag: Karten, Sport

Was ich nicht mag: Schlechte Laune

Was ich werden will: Ingenieur

Steckbrief:

Name: Sophie Biber

Alter: 33 Jahre

Adresse: Bärenklau

Was ich mag: Lesen, Malen

Was ich nicht mag: Streit, Rosenkohl

Was ich werden will: Lehrerin

Steckbrief:

Name: Benjamin Biber

Alter: 10 Jahre

Adresse: Bärenklau

Was ich mag: Computerspielen

Was ich nicht mag: Aufräumen

Was ich werden will: PC-Spielerfinder

Steckbrief:

Name: Lucy Schmidt

Alter: 8 Jahre

Adresse: Bärenklau

Was ich mag: Basteln

Was ich nicht mag: Schule

Was ich werden will: Basteltante

Steckbrief:

Name: Fridolin

Alter: 3 Jahre

Adresse: Zoo

Was ich mag: Mia, Sardellen

Was ich nicht mag: Alleinsein

Was ich werden will: Pinguinpapa

Schlechte Laune

»Du bist so ein Blödmann, Tom!« Mit geballten Fäusten steht Linda Maibaum vor ihrem Ehemann.
»Ach, lass mich doch in Ruhe, Linda«, kontert Tom Maibaum.
Mia steht vor ihren Eltern und fängt an zu weinen. »Warum müsst ihr immerzu streiten?«
»Liebes, wir streiten nicht. Wir trennen uns«, antwortet Mias Mama, lächelt gequält und geht zu Mia. Sie hockt sich vor ihr hin und umfasst ihre Schultern. »Ich habe dich lieb, Süße! Aber leider muss ich jetzt gehen. Ich halte es hier bei deinem Vater nicht mehr aus.« Sie streichelt Mia über den Blondschopf, gibt ihr einen Kuss auf die Stirn und ist auch schon verschwunden.
»Mama, nein!«, ruft Mia, aber ihre Mutter ist weg.

In der nächsten Sekunde schlägt der Prinzessinnenwecker Alarm. Verschlafen öffnet Mia die Augen und dreht sich auf die andere Seite.
Das war so ein blöder Traum, dass sie gar nicht aufwachen will. Sie hält die Augen geschlossen und schläft tatsächlich noch einmal ein.
Irgendwann kommt ihr Papa herein und zieht die Vorhänge zurück.
»Guten Morgen, meine Sonne! Hast du gut geschlafen?«

Mia blinzelt und knurrt.

»Willst du heute gar nicht aufstehen? Es ist schon spät«, sagt ihr Papa.

Ein Blick auf die Uhr verrät Mia, dass sie tatsächlich spät dran ist.

Auch das noch!

Mühsam schält sie sich aus ihrer warmen Bettdecke und starrt durch das geöffnete Fenster.

Es regnet in Strömen.

»Wie kannst du bei dem blöden Wetter so gut gelaunt sein?«, wirft sie ihrem Papa vor, der fröhlich pfeifend aus dem Zimmer geht.

»Heute ist Freitag. Endlich haben wir Wochenende. Und morgen ist ein ganz besonderer Tag.«

Mias Papa steckt noch einmal seinen Kopf ins Zimmer.

»Falls du es vergessen hast, wir gehen morgen in den Zoo.«

Normalerweise würde Mia bei dem Gedanken an den Zoo Freudensprünge machen, aber heute ist sie schlecht gelaunt.

Grunzend schlurft sie zum Kleiderschrank und öffnet ihn.

Da drinnen herrscht das reinste Chaos.

Die Pullis liegen zwischen den Schlafanzügen, die Socken schlummern auseinander gepult bei den Unterhosen und ihre Röcke lümmeln frech in den Hosenbeinen ihrer Jeans.

Mit spitzen Fingern angelt Mia nach etwas, das aussieht wie ein T-Shirt und eine kurze Hose.

»Zieh dich warm an«, ruft Papa aus der Küche, »der Sommer hat sich leider verabschiedet.«
Nun hat Mia noch mehr schlechte Laune.
Sie hat überhaupt keine Lust auf Herbst, aufs Laternelaufen und schon gar nicht auf gemütliche Bastelnachmittage.
Früher, ja, früher war es gemütlich, wenn die dunkle Jahreszeit kam.
Früher hat ihre Mama Kerzen aus dem Keller geholt und das Haus in eine leuchtende Höhle verwandelt.
Sie haben Kekse gebacken und sogar ihr Bettzeug hat herrlich nach Gebäck geduftet.
Aber das war früher.
Jetzt ist Mama nicht mehr da.
Sie ist einfach weggegangen.
Nach Afrika.
Mit einem anderen Mann.
Mia ist ziemlich wütend auf ihre Mama, denn ausgerechnet letztes Weihnachtsfest hat sie sich ein Geschwisterchen gewünscht - und einen leeren Küchenstuhl bekommen.
Erst vor wenigen Tagen hat Mia ein Gespräch zwischen Papa und Tante Klara belauscht.
Tante Klara ist Mamas Schwester und sie sagte, Mias Mama habe sich ›*frevelhaft*‹ verhalten.
Mia hatte keine Ahnung, was das bedeutet.
Später hat Papa ihr erklärt, dass ›*frevelhaft*‹ nur ein anderes Wort für ›*gemein*‹ ist.
Aber ›*frevelhaft*‹ klingt natürlich viel schlimmer.
Und jedes Mal, wenn Mia die doofen Tränen nicht zurückhalten kann, schimpft sie: »Mama ist frevelhaft.«

Seufzend wirft Mia die Sommersachen in den Schrank zurück und wühlt im hinteren Teil herum, bis sie endlich eine lange Hose und einen Pullover findet.

Sie muss dringend ihren Schrank aufräumen.

Früher hat Mama das immer gemacht.

Aber die ist ja jetzt nicht mehr da, denkt Mia seufzend.

»Mia, beeil dich, du musst zur Schule«, ertönt es aus der Küche.

Mias Papa stürmt ins Zimmer und sieht, dass Mia noch immer halbnackt vor dem Schrank steht.

Genervt verdreht er die Augen. »Mia, nun zieh dich endlich an! Worauf wartest du? Auf den Weihnachtsmann?«

Lachend entfernt sich ihr Papa wieder.

Mann, hat der schrecklich gute Laune, denkt Mia und ruft ihm hinterher: »Auf den Weihnachtsmann warte ich ganz bestimmt nicht.«

Langsam schlüpft sie in ihren Pulli und sagt leise: »Der kann mir gestohlen bleiben!«

Auf Zehenspitzen schleicht Mia in die Küche.

Auf dem Tisch steht eine Schüssel mit Müsli, welches sie lustlos in sich hineinschaufelt.

Während sie isst, bekämpft Papa ihre Mähne mit einer Haarbürste und zwängt die langen, blonden Haare in ein Zopfgummi.

»Was willst du auf dein Schulbrot haben?«, fragt ihr Papa schließlich.

Mia zuckt mit den Schultern. »Keine Ahnung. Mama hat immer irgendwas drauf gemacht.«

Mias Papa stöhnt.

Er spricht nicht gerne über Mama.

Und Mia weiß, dass er genauso wütend auf Mama ist wie sie, obwohl sie nun schon ein Dreivierteljahr weg ist.

Papa angelt den Schokoaufstrich aus dem Schrank und schmiert die braune Paste auf Mias Schulbrot.

»Schokolade ist ungesund«, sagt Mia schmatzend. »Und wir sollen keinen süßen Aufstrich mit in die Schule nehmen. Das ist schlecht für die Zähne, hat Frau Biber gesagt.«

»Dann bestell deiner Lehrerin einen schönen Gruß von mir und sage ihr, ich war noch nicht einkaufen. Ab Montag bekommst du Gartenwurst aufs Brot.« Mias Papa zieht eine Grimasse, dass Mia fast lachen muss.

Aber nur fast.

Schnell schaut sie auf ihr Müsli, um nicht loszuprusten.

Heute hat sie doch schlechte Laune.

»Ich mag keine Gartenwurst«, brummt sie stattdessen und steht auf, um ihre Brotbox in den Schulranzen zu packen.

»Was ist überhaupt Gartenwurst, Papa?«

Papa grinst. »Das hat meine Oma immer zur Salatgurke gesagt. So, und nun müssen wir los. Hol deine Jacke und ziehe dir feste Schuhe an!«

Papa schiebt Mia aus der Küche in den Flur und zieht sich seine Jacke über.

Als Mia angezogen ist, fällt ihr ein, dass sie noch keine Zähne geputzt hat. »Ich muss noch mal ins Badezimmer. Zähneputzen«, murmelt sie verlegen, doch ihr Papa schiebt sie zur Tür. »Nix da! Das musst du verschieben.

Wir müssen los, sonst kommen wir beide zu spät. Im Auto habe ich noch Kaugummis.«

Mia verschränkt die Arme vor der Brust und sagt: »Man muss trotzdem die Zähne putzen, sonst bekommt man Karies.«

»Du hast die guten Zähne deiner Mutter geerbt«, sagt ihr Papa und schiebt sie nach draußen.

Mia huscht nun doch ein Lächeln übers Gesicht.

Kaugummis sind cool!

Gemeinsam verlassen sie das Haus und rennen zum Auto. Im Affenzahn fährt Papa vom Grundstück und lässt Mia wenige Minuten später vor dem Schultor aussteigen.

»Viel Spaß, mein Schatz!«, ruft er ihr hinterher.

Mia wirft ihm einen genervten Blick zu und sagt: »Spaß wird überbewertet.«

Papa stöhnt schon wieder, denn das war Mamas Lieblingsspruch, wenn sie schlechte Laune hatte.

Papa winkt Mia noch einmal zu und braust dann davon.

»Dein Vater fährt aber eine alte Karre«, ertönt eine Stimme hinter Mia.

Jonny steht neben dem Fahrradständer und grinst hämisch. »Das Ding ist ja fast so hässlich wie du!«

Mia ignoriert ihn und geht aufs Schulhaus zu.
»Bist wohl noch ein Baby, dass du von Papi zur Schule gefahren wirst, was?«, ruft Jonny ihr hinterher.
Mia dreht sich um und schneidet eine Grimasse.
Der dicke Jonny grinst und läuft ihr nach. »Deshalb ist deine Mama abgehauen. Doofe Tochter, doofes Auto.«
Mia dreht sich um und schubst ihn weg.
Jonny prallt daraufhin prompt mit einem Viertklässler zusammen, der ihn verärgert von sich stößt.
Unglücklicherweise verletzt sich Jonny nun an einem Betonpfeiler und schreit auf.
Jammernd hält er sich die blutende Nase.
Sofort macht er auf dem Absatz kehrt und rennt ins Klassenzimmer, um bei Frau Biber zu petzen.
Mia zieht verärgert ihre Kapuze über den Kopf und marschiert die letzten Meter durch den Regen ins Schulhaus.
Jetzt wird Frau Biber mit ihr schimpfen.
Zu Recht, denkt Mia, aber was musste Jonny sie auch ausgerechnet heute ärgern, wo sie so furchtbar schlechte Laune hat?
Als Mia ins Klassenzimmer schielt, sieht sie Frau Bibers gerümpfte Nase und ihren tadelnden Blick.
Jonny sitzt mit einem Taschentuch auf seinem Stuhl und jammert noch immer.
Leise geht Mia zu ihrem Kleiderhaken und stellt den Ranzen ab.

Frau Biber verlässt das Klassenzimmer und geht direkt zu Mia. »Guten Morgen, Mia!«

»Guten Morgen, Frau Biber!« Mia schlüpft aus ihrer patschnassen Jacke und hängt sie an ihren Kleiderhaken. Dabei vermeidet sie es, ihre Lehrerin anzusehen.

Im Schneckentempo zieht sie ihre Gummistiefel aus und holt ihre blöden Hausschuhe.

Mama hat sich immer darüber lustig gemacht, dass die Kinder in der Schule Hausschuhe anziehen müssen. »Zu meiner Zeit hat es so was nicht gegeben«, hat Mama dann immer gesagt.

Und darum hat sie ihr auch diese dämlichen, grünen Froschschuhe gekauft, in denen sie aussieht wie ein Krokodilbaby beim Fasching.

Grimmig überlegt Mia, ob sie die Hausschuhe unauffällig verschwinden lassen soll, als Frau Biber sie am Arm zur Seite zieht. »Mia, hast du Jonny auf die Nase gehauen?«

»Nein, ich habe ihn geschubst, so dass er sich die Nase am Pfeiler gestoßen hat«, sagt Mia tapfer und wartet auf einen Tadel, doch der bleibt aus.

»Du weißt, was ich davon halte, Probleme mit Gewalt zu lösen, richtig?«, fragt Frau Biber.

»Jonny war frevelhaft«, antwortet Mia leise.

Frau Biber seufzt und nimmt Mia in den Arm. »Wenn Jonny dich ärgert und gemein zu dir ist, gehst du einfach weg, okay? Das haben wir doch schon mal besprochen. Schubsen ist keine Lösung und kann sehr gefährlich sein.«

Mia nickt. »Hab ich ja probiert. Aber er ist mir hinterhergelaufen…« Mühsam versucht Mia, die aufkommenden Tränen zurückzuhalten.
Frau Biber streichelt ihr sanft über den Rücken.
Fast wie Mama.
Aber auf die ist Mia ja sauer.
Besonders heute, wo nichts klappt.
»Ich möchte, dass ihr euch die Hand reicht und wieder vertragt«, sagt Frau Biber und geht ins Klassenzimmer zurück.
Mia schlüpft in ihren zweiten Hausschuh, reicht Jonny im Vorbeigehen schweigend die Hand und eilt weiter zu ihrem Platz.

»Hallo Mia!« Vollkommen außer Atem rutscht Lucy auf den freien Stuhl neben Mia.

Nass wie ein Pudel schüttelt Mias beste Freundin ihre roten Locken und lacht: »Ich fühle mich wie ein Hund, der in einen See gesprungen ist.«

»Ist das Wetter nicht schrecklich heute?«, fragt Mia brummig.

Lucy winkt ab und sagt: »Halb so wild. Morgen ist endlich Wochenende und da soll die Sonne scheinen. Ist das nicht super? Wir fahren an die Ostsee. Mama, Papa, Tim und ich.« Lucy nimmt ihre Haare und drückt die letzten Regentropfen heraus.

Mia nickt mürrisch.

Das Herz ist ihr ganz schwer.

Sie wünschte, sie hätte auch einen Bruder, oder lieber noch eine Schwester, mit der sie zusammen an die Ostsee fahren könnte.

Aber Mia hat ja nicht einmal mehr eine Mutter.

Lucy bemerkt ihre schlechte Stimmung und streichelt Mias Schulter. »Hat sich deine Mama immer noch nicht gemeldet?«

Mia winkt sanft lächelnd ab. »Nein. Und bald ist schon wieder Weihnachten. Das wird komisch sein ohne sie.«

»Ich freue mich schon sehr auf Weihnachten. Ich habe tausend Wünsche.« Lucy verdreht schwärmerisch die Augen.

»Die hatte ich auch. Vor allem wollte ich gerne eine Schwester haben. Stattdessen habe ich eine Mutter, die seit Januar irgendwo durch Afrika tingelt, und das auch noch mit einem fremden Mann.«

»Die Babys kommen doch nicht vom Weihnachtsmann«, mischt sich Thomas ein.

Mia rollt mit den Augen. »Das weiß ich auch. Das war auch bloß so ein Spruch.«

Frau Biber räuspert sich. »Guten Morgen, Kinder!«

»Guten Morgen, Frau Biber«, antworten alle Kinder der Klasse 2b im Chor.

Frau Biber lächelt. »Bitte holt alle eure Schreibhefte heraus! Wir schreiben unsere Kurzarbeit.«

Mia schlägt ihr Heft auf und wartet ungeduldig auf das angekündigte Diktat.

Hoffentlich macht sie keine Fehler.

Das würde zwar zu diesem chaotischen Morgen passen, aber Mia hasst es, Fehler zu machen.

Also schließt sie kurz die Augen und atmet tief durch.

Als Frau Biber anfängt, den ersten Satz zu diktieren, ist Mia voll konzentriert und schreibt fleißig mit.

Der Zoobesuch

»Guten Morgen, Papa! Aufstehen, du Schlafmütze!«
Mia springt auf das große Bett und landet direkt auf Papas Bauch.
»Uff, Mia! Du zerquetscht deinen armen, schwachen Vater«, stöhnt Papa theatralisch.
Mia rutscht zur Seite und hebt tadelnd den Zeigefinger.
»Seitdem Mama weg ist, bist du auch kein einziges Mal mehr zum Sport gegangen. Wie willst du mich beschützen, wenn der Tiger ausbricht?«
Mias Papa verzieht das Gesicht und setzt sich aufrecht hin. Müde strubbelt er sich durch die Haare.
Dann schnappt er sich plötzlich Mia und kitzelt sie durch.
»Na, warte, du freches Ding! Den Tiger werde ich schon noch besiegen können.«
»Halt! Stopp, Papa! Hör auf!! Wir müssen frühstücken. Wir wollen doch gleich in den Zoo«, quiekt Mia lachend.
»Da hast du Recht. Ich packe eben ein paar Brötchen in den Backofen und hüpfe schnell unter die Dusche. Ich muss doch schick aussehen, wenn wir zu den Affen gehen.« Geschwind springt Papa aus den Federn und läuft in die Küche.
Mia grinst.
Heute ist ein guter Tag.
Die Sonne scheint und sie gehen in den Zoo.

Und obwohl sie gestern so schlechte Laune hatte, ist sie sich sicher, dass sie ihr Diktat fehlerfrei geschrieben hat.
Aber natürlich weiß sie das erst nächste Woche, wenn Frau Biber die Arbeiten korrigiert hat und zurückgibt.
Fröhlich geht Mia in die Küche und deckt den Tisch.
Doch als Papa aus der Dusche kommt, sieht er Mias trauriges Gesicht. »Ist alles okay, mein Schatz?«, fragt er.
Mia zuckt mit den Schultern. »Ich war so in Gedanken, dass ich aus Versehen drei Teller auf den Tisch gestellt habe.«
Mias Papa seufzt. »Ich ziehe mir schnell etwas über, dann laufe ich in den Keller und hole den Karton mit den Herbstsachen. Wir schmücken den Tisch genau so, wie Mama das immer gemacht hat.«
»Nein, warte«, ruft Mia und rennt aus der Küche.
Wenige Sekunden später kommt sie mit ihrer Puppe und einem Puppensitz zurück und befestigt den Sitz grinsend am Tisch vor dem dritten Teller. »Sieht doch fast echt aus, oder?«
Papa runzelt die Stirn.
Dann nimmt er Mia in den Arm und sagt: »Es tut mir so leid, dass Mama weggegangen ist. Ich bin darüber genau so traurig wie du. Und ich weiß, dass du dir eine kleine Schwester gewünscht hast, aber manchmal verläuft das Leben anders, als man es sich wünscht. Und wenn sich Eltern zu viel streiten und schließlich trennen, sind immer die Kinder die Leidtragenden, weil sie zwischen den beiden Streithähnen stehen und gar nichts dafür können. So eine Trennung tut immer weh, für alle Seiten.«

»Weihnachten erinnert mich immer an Mama«, sagt Mia.
»Sie mochte das Fest ganz besonders gern.«
»Ja. Das wird unser erstes Fest ohne sie, aber wir werden es uns trotzdem gemütlich machen«, antwortet Papa.
Mia klopft ihm beruhigend auf den Rücken. »Püppi passt doch gut an unseren Tisch. Sie schreit nicht herum, nimmt nichts weg und macht auch nichts kaputt. So sind wir auch zu dritt. Und Oma und Opa sind ja auch noch da.« Schnüffelnd hält sie die Nase in die Luft. »Ich glaube, die Brötchen sind fertig, Papa.«
Papa springt zum Ofen und ruft: »Oje! Ich hoffe, du hast keinen Wackelzahn. Das sind steinharte Brötchen geworden.« Zähneknirschend legt Papa die braunen Brötchen in den Brotkorb.
Nach einem ziemlich knusprigen Frühstück packen Mia und ihr Papa etwas Proviant und den Fotoapparat in die Rucksäcke und ziehen sich an.
»Meinst du, ich brauche einen Schal?« Fragend schaut Mia ihren Papa an.
Dieser nickt. »Ja. Könnte noch kalt sein draußen, auch wenn die Sonne scheint. Ich nehme auch einen mit. Vorsichtshalber.«

Mit dem Auto verlassen sie ihr kleines Dorf Bärenklau und fahren in die Stadt, bis sie endlich das große Tor vom Zoo sehen.
Papa parkt den Wagen und schnappt sich den Rucksack.
Fröstelnd krabbelt Mia aus dem warmen Auto.
Es ist wirklich ganz schön kalt geworden.

Gemeinsam laufen sie zum Kassenhäuschen und kaufen die Eintrittskarten.
Der ältere Herr am Eingang trägt eine dunkelblaue Uniform.
Freundlich lächelnd begrüßt er sie: »Guten Morgen, die Herrschaften! Die Karten bitte!«
Mia reicht ihm die Eintrittskarten, die der Herr an einer Ecke abreißt. »Ich wünsche Ihnen einen wunderschönen Tag in unserem Zoo«, sagt er mit einer kleinen Verbeugung.
Mia lächelt zurück und bedankt sich artig.
Im Zoo fängt Papa plötzlich an zu trödeln, als seien seine Beine aus Blei. Verwundert mustert Mia ihn. »Papa, wo bleibst du denn? Lass uns zu den Elefanten gehen!«, sagt sie ungeduldig und ergreift seine Hand.

Immer wieder schaut Papa sich suchend um.
Schließlich folgt er Mia doch ins Elefantenhaus.
Drinnen ist es herrlich warm, auch wenn es nach Heu und Elefantendung riecht.
Ganz hinten sehen sie vier Elefantenkühe mit ihren Kälbern, die die Möhren der Tierpfleger gierig verschlingen.
Die Tierpfleger tragen alle lange Metallstäbe mit einem Haken am Ende und erteilen den Elefanten Befehle in einer Sprache, die Mia nicht versteht.

»Das ist indisch«, erklärt Papa. »Die Elefanten kommen aus Indien.«

Die Tiere sind so groß und eindrucksvoll, dass Mia am liebsten noch stundenlang stehengeblieben wäre.

Doch sie will unbedingt noch zu ihren Lieblingstieren, den Pinguinen.

Als sie das Elefantenhaus wenige Minuten später verlassen, ruft Papa: »Sieh mal, Mia, ist das nicht deine Lehrerin da hinten?« Er zeigt einmal quer über den Platz.

Mia blinzelt gegen die Sonne an. »Hm. Die Frau sieht wirklich aus wie Frau Biber. Und einen Sohn hat sie auch.«

Mia nimmt Papas Hand und will ihn zu den Bären ziehen, doch Papa sträubt sich wie ein störrischer Esel. »Ich finde, wir sollten deiner Lehrerin einen guten Tag wünschen«, sagt er nachdenklich.

Mia hört gar nicht zu und läuft weiter.

Vor einem Gehege mit rosa gefärbten, langbeinigen Vögeln bleibt sie stehen. »Sind die Flamingos nicht hübsch, Papa?«

Papa nickt und schaut sich wieder um. »Ja, mein Schatz! Toll. Sie sehen toll aus.«

Naserümpfend betrachtet Mia ihren Papa und sagt: »Du hast gar nicht richtig hingeguckt.«

Papa hat sich schon wieder umgedreht. »Was hast du gesagt, Mia?«, fragt er abwesend.

»Du hast dir die Flamingos noch gar nicht richtig angesehen«, wiederholt Mia beleidigt. »Du bist abgelenkt.«

Papa verdreht die Augen, doch bevor er antworten kann, ertönt hinter ihnen eine freundliche Stimme. »Guten Morgen, Mia! Guten Morgen, Herr Maibaum!«

Mia dreht sich um. »Guten Morgen, Frau Biber! Ich wusste gar nicht, dass Sie auch in den Zoo gehen.«

»Tja, da kannst du mal sehen, was Lehrer so alles machen.« Frau Biber schüttelt Mia die Hand und will schließlich Mias Papa begrüßen. »Guten Morgen, Herr Maibaum!«

Doch bevor Mias Papa antworten kann, kommt ein laut quiekendes Hängebauchschwein um die Ecke geflitzt, das von einem braunen Lama gejagt wird.

Das Schwein rennt direkt auf die kleine Gruppe zu, was Frau Biber erst so spät bemerkt, dass Mias Papa sie in seine Arme reißt, damit sie nicht über den Haufen gerannt wird. Den beiden Tieren folgen drei laut schimpfende Tierpfleger, die versuchen, die beiden Streithähne einzufangen.

»Danke, Herr Maibaum«, sagt Frau Biber lachend. »Das war knapp!«

Mias Papa lässt Frau Biber wieder los und verbeugt sich leicht. »Gern geschehen, Frau Biber.«

Das Hängebauchschwein und das Lama verschwinden um die nächste Ecke.

»Lass uns weitergehen, Mama!«, drängelt der blonde Junge neben Mias Lehrerin.

Frau Biber legt den Arm um seine Schultern. »Das ist mein Sohn Benjamin. Mia, du kennst ihn sicherlich aus der Schule.«

Mia nickt.

Sie kennt Benjamin, aber Viertklässler reden nicht mit Zweitklässlern und so traut sie sich nicht einmal, ihm ›Hallo‹ zu sagen.

Stattdessen nimmt Mia Papas Hand und versucht, ihn wegzuziehen.

Doch Papa steht wie angewurzelt neben Frau Biber. »Wir könnten doch zusammen durch den Zoo laufen«, schlägt er zu Mias und Benjamins Schrecken vor.

Mia öffnet den Mund, um etwas zu sagen, doch Benjamin kommt ihr zuvor. »Mama, wir haben Wochenende. Kannst du nicht einmal die Arbeit ruhen lassen?« Genervt verzieht er seinen schmalen Mund.

Mia bleibt unsicher stehen.

Sie spürt, dass Papa wirklich gerne mit Frau Biber weiterlaufen möchte.

Frau Biber lacht nervös. »Aber Benjamin, ich arbeite doch gar nicht. Herr Maibaum hat nur vorgeschlagen, dass wir zusammen durch den Zoo laufen. Ich finde, das ist eine nette Idee.«

Mias Papa zwinkert Frau Biber verschmitzt zu.

Das hat Mia genau gesehen.

Mia räuspert sich verlegen.

Ob Papa wohl in Frau Biber verliebt ist?

Jetzt zwinkert Papa Mia zu und guckt so merkwürdig.

Das macht er immer, wenn er etwas machen will, obwohl er weiß, dass es Mia nicht gefällt.

Und dann bemerkt Mia den Blick, den Papa mit Frau Biber austauscht.

So hat Papa Mias Mama immer angesehen, bevor sie so viel miteinander gestritten haben. Und bevor Mama ihren Koffer gepackt hat und weggegangen ist.
Mia mustert Frau Biber von Kopf bis Fuß.
Frau Biber hat lange, dunkelbraune Haare und genauso viele lustige Sommersprossen wie Mia. Sie trägt einen weißen Rock und ein blaues Shirt mit einer blauen Jacke.
Sie ist wirklich hübsch und eine beliebte Lehrerin.
Plötzlich freut sich Mia, dass sie Frau Biber getroffen haben und sagt: »Ich finde, Papa hat Recht! Wir sollten alle zusammen durch den Zoo gehen.«
Papa strahlt Mia an.
Benjamin kickt verärgert einen Stein zum Flamingo-Gehege, aber Frau Biber lächelt erleichtert und streichelt Mia über den Kopf. »Schön. Dann lasst uns gehen!«
Sie reicht Mia und Benjamin einen Zooplan und lässt die beiden vorweg gehen.
Mia tut so, als würde sie in das Heft schauen, aber in Wirklichkeit blickt sie zurück und sieht gerade noch, wie Papa Frau Bibers Hand drückt.
Während Mia und Benjamin schweigend an den ersten Tieren vorbeimarschieren, reden Papa und Frau Biber ununterbrochen miteinander.
Als sie das Schwimmbecken der Pinguine erreichen, ruft Papa: »Seht euch nur diese putzigen Pinguine an! Mia, das sind doch deine Lieblingstiere, oder?«
Mia geht an den Beckenrand. »Ja, Papa. Sieh nur, wie sie ins Wasser hüpfen! Kommen die aus Afrika?«, fragt sie aufgeregt und sucht nach einem Schild.

»Pinguine kommen doch nicht aus Afrika«, sagt Benjamin kopfschüttelnd. »Die leben nur am Südpol.«

»Pinguine leben sogar in Australien«, sagt Mia lachend und zeigt auf die Tafel, die am Beckenrand angebracht ist. Sie erzählt den Zoobesuchern genau, woher die Tiere kommen und wovon sie sich ernähren. »Das hier sind Humboldtpinguine aus Peru, Südamerika«, liest sie vor.
Frau Biber nickt. »Mia hat Recht, Benjamin. Pinguine leben auch in warmen Regionen wie Südafrika, Südamerika und Australien.«
Mia hockt sich auf den Beckenrand und hält ihre Hand ins Wasser.
Sofort kommt einer der Pinguine auf sie zu geschwommen und stupst ihre Hand mit dem Schnabel an.
»Lass das lieber sein«, ermahnt Benjamin sie, »die können bestimmt auch beißen und dann sind deine Finger ab!«
»Da muss ich Benjamin Recht geben, Mia. Nimm lieber die Hände aus dem Wasser«, ermahnt Papa sie.
»Ach, nein, Papa, der ist so süß«, ruft Mia begeistert. »Der beißt mich bestimmt nicht.«

»Er mag dich«, ruft der Tierpfleger, der gerade das Gehege betritt. »Aber du solltest trotzdem etwas Abstand halten. Pinguine können schnell mal zubeißen.«
Mia lacht und zieht ihre Hand aus dem Wasser. »Ich mag ihn auch.«
»Siehst du«, sagt Benjamin und nickt mit stolzgeschwellter Brust, »Pinguine können beißen!«
Der Tierpfleger bleibt stehen. »Wenn deine Mama und dein Papa es erlauben, darfst du mit deinem Bruder zu mir kommen und mir helfen. Ich muss die Höhlen kontrollieren und den Burschen etwas zu fressen geben.«
Mia und Benjamin schauen sich an.
Sie sind doch gar keine Geschwister.
Auf einmal lächelt Benjamin Mia zum ersten Mal an und sagt: »Komm, Mia. Wir gehen Pinguine füttern!«
Mia nickt und gemeinsam laufen sie zu einem Felsen, in dem eine große Stahltür eingelassen ist.
Der Tierpfleger öffnet die Tür und lässt sie eintreten. »Ich bin Karl und wie heißt ihr?«
»Ich bin Benjamin und das ist Mia«, antwortet Benjamin.
Der Tierpfleger schüttelt ihnen die Hand und geht voraus. Beim Verlassen der Felsenhöhle ergreift Karl einen Eimer mit Fischen.
Vorsichtig balancieren sie auf den nassen Felsen entlang zu den Höhlen der Pinguine.
Karl erklärt ihnen, worauf man bei Pinguinen achten muss und wie man die Höhlen sauber hält.
»Wenn ich groß bin, will ich auch Tierpflegerin werden«, sagt Mia begeistert.

Karl nickt erfreut. »Das finde ich super! Tierpfleger ist ein sehr schöner Beruf.« Er holt den Eimer mit Fischen hinter seinem Rücken hervor und stellt ihn auf die Felsen. »Um die Uhrzeit bekommen sie nur ein paar Makrelen. Zum Mittagessen kriegen sie dann Sardellen«, sagt Karl und zwinkert Mia zu.
Mia nimmt einen Fisch in die Hand und hält ihn in die Luft.
Da kommen auch schon die ersten Pinguine auf sie zugelaufen und strecken ihr gierig die Schnäbel entgegen.
Der kleine Pinguin aus dem Wasser watschelt direkt zu Mia und stupst sie frech mit dem Schnabel an.
»Das ist unser Fridolin. Er scheint dich zu mögen, Mia. Du kannst ihn ja mal vorsichtig streicheln.«
Mias Herz macht einen Freudensprung, als sich der kleine Pinguin tatsächlich streicheln lässt.
Karl lacht: »Pass bloß auf, dass du ihn auch wieder loswirst! Er hat nämlich noch keine Pinguindame gefunden. Und wenn sich so ein Pinguin erst einmal in dich verliebt hat, dann bleibt er treu an deiner Seite und geht nie wieder fort.«
Mia stutzt. »Aber ich bin doch keine Pinguindame. Ich bin ein Mensch.«
»Das macht nichts«, erwidert Karl vergnügt, »es ist auch schon vorgekommen, dass sich ein Pinguin in einen Menschen verliebt hat.«
Mia blickt unsicher zu ihrem Papa. »Schade, dass Menschen keine Pinguine sind«, sagt sie nachdenklich.

Als Pinguine hätten sich ihre Eltern bestimmt nicht getrennt.
Benjamin nickt unauffällig.
Auch sein Papa hat sich vor drei Jahren von seiner Mama getrennt. Jetzt lebt sein Papa mit seiner Freundin Anna in Berlin. Und die mag Benjamin nicht besonders.
Anna ist nämlich sehr streng und verbietet meistens das, was sein Papa vorher erlaubt hat.
Deshalb besucht er seinen Papa auch nur zweimal im Jahr in den Ferien.
Mia und Benjamin füttern die Pinguine, bis der Eimer leer ist.
Als sich Mia nach dem Füttern auf den Felsen setzt, springt Fridolin prompt auf ihren Schoß.
Mit schiefgelegtem Kopf blickt er sie an.

»Er mag dich wirklich«, sagt Karl und bringt den Eimer fort.
Mia blickt zu ihrem Papa und Frau Biber.
Beide winken ihr fröhlich zu.

Papa macht sogar Fotos von ihr und Fridolin.

Ein älteres Ehepaar bleibt verwundert vor dem Pinguingehege stehen. »Oh, sieh doch nur, Herbert! Ist die Kleine nicht entzückend?«, ruft die Frau aus.

»Ja, und die Pinguine erst«, stimmt ihr Mann zu.

Die beiden bleiben noch eine Weile stehen, dann setzen sie ihren Weg fort.

Mia streichelt Fridolin, bis es Zeit wird, weiter zu gehen.

Sie lässt sich ein letztes Mal fotografieren und verabschiedet sich schließlich schweren Herzens von ihm und Karl. »Darf ich wiederkommen?«, fragt sie beim Hinausgehen.

Karl nickt. »Klar, Mia. Ich bin sicher, Fridolin wird sich sehr freuen, wenn du ihn bald wieder besuchen kommst.« Er öffnet die Tür zum Gehege. »Ich würde sagen, du hast sein Herz erobert. Er läuft dir sogar hinterher. Sieh nur!«

Mia streichelt Fridolin ein letztes Mal über den Kopf.

Karl muss ihn dann auf den Arm nehmen, damit er das Gehege nicht zusammen mit Mia verlässt.

Das gefällt dem kleinen Pinguin überhaupt nicht. Er strampelt wild und trötet aus voller Kehle. Mit dem Schnabel versucht er, den Tierpfleger weg zu beißen, doch Karl hält ihn so geschickt fest, dass er ihn nicht beißen kann.

Gemeinsam mit Benjamin läuft Mia zurück zu ihrem Papa und Frau Biber. »Hast du auch genug Fotos gemacht, Papa?«, fragt sie aufgeregt.

»Ja, mein Schatz, das habe ich. Wir werden sie gleich am Montag entwickeln lassen. Dann kannst du sie dir aufhängen oder in dein Fotoalbum kleben.«

Überglücklich schaut Mia sich auch die übrigen Tiere an, aber sie muss so oft an Fridolin denken, dass sie den Ausflug gar nicht mehr richtig genießen kann.

Am liebsten würde sie zu den Pinguinen zurücklaufen und Fridolin in ihrem Rucksack mit nach Hause schmuggeln.

»Ich habe Hunger«, sagt Benjamin, als sie bei den Zebras und Giraffen ankommen.

»Kein Problem. Das Restaurant hat geöffnet. Wir können sogar auf der Veranda essen und die Tiere dabei beobachten. Da hinten sind noch freie Plätze«, antwortet Frau Biber und steuert auf einen leeren Tisch zu.

Sie bestellen Pommes und Currywurst.

Und zur Feier des Tages dürfen sie jeder Cola trinken.

Mia grinst.

Das ist ein richtig schöner Tag.

Alles wird anders

Als Mias Papa am Montag von der Arbeit kommt, wirft er Mia einen großen Umschlag zu.
Neugierig öffnet Mia ihn.
Als sie den Inhalt sieht, huscht ein Lächeln über ihr sommersprossiges Gesicht. »Toll, du hast die Fotos vom Zoo entwickeln lassen, Papa!«
»Ja, das habe ich. Und von dem hier habe ich extra ein Poster anfertigen lassen«, sagt Papa und zieht eine große Papprolle hinter seinem Rücken hervor.
Aufgeregt wickelt Mia das Poster auseinander. »Das ist ja Fridolin! Er sitzt auf meinem Schoss und lässt sich von mir füttern«, sagt sie und umarmt ihren Vater stürmisch.
»Papa, du bist der Beste! Das Poster ist richtig schön. Darf ich es gleich an meine Wand hängen?«
»Natürlich. Das Klebeband liegt im Büro«, sagt Papa und blickt ihr schmunzelnd hinterher.
Sofort flitzt Mia in ihr Zimmer und hängt das Bild genau über ihr Bett.
Beim Anblick des Posters hat sie eine Idee.
Sie rennt ins Wohnzimmer und schnappt sich das Telefon.
»Papa? Darf ich Lucy anrufen?«, ruft sie in die Küche.
»Klar. Du weißt ja, wo das Telefon steht«, antwortet Papa.
Schnell wählt Mia Lucys Nummer. »Lucy, hier ist Mia. Du musst unbedingt vorbeikommen und dir das Bild von Fridolin und mir ansehen.«
Lucy verspricht, gleich rüber zu kommen.

Begeistert klatscht Mia in die Hände.
Lucy wird Augen machen!
Mia läuft in die Küche, doch ihr Papa ist nicht da. »Papa, wo bist du?«, ruft sie durchs Haus.
»Ich bin im Keller! Wäsche waschen«, antwortet ihr Papa. Mia tapst die Kellertreppe hinunter und hilft ihrem Vater schnell, die dreckige Wäsche nach Farben zu sortieren.
»Lucy kommt gleich vorbei. Sie will Fridolin angucken. Sie hat sogar schon ihre Eltern gefragt, ob wir noch einmal in den Zoo gehen können. Sie will Fridolin unbedingt kennenlernen«, erzählt Mia.
»Apropos kennenlernen«, sagt Papa mit ernster Miene, »was hältst du davon, wenn Frau Biber und Benjamin am Wochenende vorbeikommen und wir uns ein bisschen näher kennenlernen?«
Mia denkt kurz darüber nach.
Frau Biber ist nett, also sagt sie großzügig: »Du darfst sie einladen, Papa.«
»Okay«, sagt Papa und atmet erleichtert auf.
Als es an der Tür klingelt, rennt Mia nach oben und lässt Lucy herein. »Hallo, Lucy. Komm mit in mein Zimmer! Das Foto musst du sehen!« Aufgeregt zieht sie ihre beste Freundin hinter sich her.
Und Lucy staunt wirklich. »Das Poster ist toll«, sagt sie ganz neidisch. »Am liebsten würde ich ihn auch einmal streicheln.«
Mia grinst. »Das machst du, wenn wir nächstes Mal in den Zoo gehen.«

***

Aber bevor Mia wieder in den Zoo gehen kann, bekommt sie Besuch.

Frau Biber und Benjamin kommen am Samstagnachmittag zum Kaffee trinken und Kuchen essen.

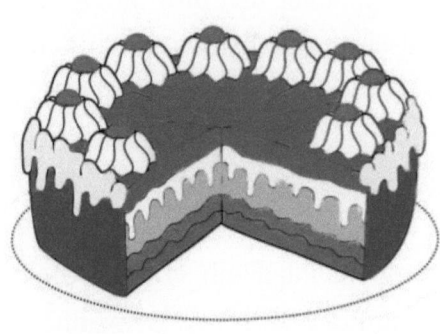

Mia sieht Benjamin an, dass er keine Lust hat zu bleiben, aber Papa hört gar nicht mehr auf zu grinsen.

Er freut sich, dass er wieder so viel mit Frau Biber reden kann.

Nach dem Kaffeetrinken zeigt Mia ihren Gästen das Poster von Fridolin. »Das ist ein sehr schönes Bild«, lobt Frau Biber.

»Wollen wir einen Spaziergang durch den Wald machen?«, schlägt Papa vor.

Mia und Frau Biber sind begeistert, nur Benjamin hat keine Lust.

Dennoch wandern sie zehn Minuten später gemeinsam durch den nahegelegenen Wald.

Sie sammeln viele verschiedene Blätter, um damit Herbstbilder zu basteln.

Rote, gelbe und grüne.

Einige haben Zacken, andere sind rund.

Nur Benjamin sammelt nicht mit und sagt den ganzen Spaziergang über kein einziges Wort.
Als sie wieder nach Hause kommen, wird es bereits dunkel. »Bleiben Frau Biber und Benjamin zum Abendbrot, Papa?«, fragt Mia neugierig.
Frau Biber hält den Atem an und schaut zwischen Mia, Benjamin und Papa hin und her.
»Was meinst du, Mia? Sollen wir die beiden einladen zu bleiben?«, fragt Papa.
Mia lächelt und nickt. »Ja. Ich denke, das ist okay.«
Frau Biber lächelt.
Nur Benjamin nicht.
Er setzt sich schweigend an den Esszimmertisch und lässt Mia den Tisch alleine decken.
Nicht einen Finger rührt er.
Mia ist ganz schön sauer auf ihn.
Kaum haben sie das Essen auf dem Tisch, greift Benjamin nach seinem Glas, trinkt und rülpst laut.
Erschrocken starren ihn alle an.
»Benjamin Biber«, sagt Frau Biber streng, »wir rülpsen nicht am Tisch und schon gar nicht mit offenem Mund!«
Sie tätschelt Papas Hand und sagt: »Tut mir leid, Tom! Sonst benimmt er sich nicht so rüpelhaft.«
Mia bleibt vor Staunen der Mund offen stehen.
Auch Benjamin sitzt wie erstarrt auf seinem Stuhl.
Nur Papa lächelt Frau Biber an und sagt: »Dann wollen wir mal ein Auge zudrücken, Sophie.«
»Tom? Sophie? Ihr duzt euch?«, fragt Benjamin aufgeregt und schaut seine Mutter und Mias Papa misstrauisch an.

Seine Mutter will antworten, doch Benjamin springt nur wütend auf.

Er wirft den Stuhl um, der laut zu Boden kracht. »Wusste ich es doch! Ihr kennt euch und spielt uns so ein Theater vor. Wir sind doch nicht doof! Ihr seid ein Liebespaar und tut so, als hättet ihr euch zufällig im Zoo getroffen. Dabei ist alles von euch geplant gewesen. Ich hasse dich!« Mit diesen Worten stürmt Benjamin aus dem Zimmer.

Die Haustür schlägt zu.

Fassungslos sitzen Mia, Frau Biber und Papa am Tisch.

Schließlich steht Frau Biber auf, doch Mias Papa ergreift ihre Hand und hält sie fest. »Lass ihn, Sophie! Er wird sich schon wieder beruhigen. Sicherlich meinte er es nicht so.«

»Doch«, schnieft Frau Biber, »er meinte es genau so, wie er es gesagt hat.«

»Du bist ja ganz still, Mia«, sagt Papa plötzlich.

Fieberhaft überlegt Mia, was sie sagen soll.

Mama ist weg.

Weit weg.

Und sie wird wohl auch nicht wiederkommen.

Papa war die erste Zeit nach der Trennung sehr traurig.

Bis zum Elternabend, wenn Mia es recht überlegt.

Seitdem pfeift er wieder, wenn er morgens aufsteht.

Er singt, wenn er unter der Dusche steht und er jagt Mia wieder lachend durchs Haus.

Fast so wie früher.

Frau Biber ist nett.

Und Opa sagt immer, jeder Mensch braucht einen Freund.

»Ich finde es okay, dass ihr ›du‹ zueinander sagt«, sagt Mia leise.

Papa lächelt kurz, dann hält er Mia eine Hand hin und Mia klatscht ein.

»So begrüßt Karl auch immer die Pinguine«, erklärt Mia grinsend.

Papa und Frau Biber lächeln sich an.

Dann streichelt Frau Biber Mia über die Haare. »Du kannst Sophie zu mir sagen, wenn du willst.«

»Aber nicht in der Schule«, sagt Papa mit strenger Miene.

Sophie nickt. »Vorerst zumindest nicht. Wir behalten das Geheimnis noch ein Weilchen für uns.«

»Und wie lange bleibt das unser Geheimnis?«, fragt Mia und spürt ihr Herz hart gegen die Brust klopfen.

Papa zuckt ratlos mit den Schultern.

»Das werden wir entscheiden, wenn die Zeit reif ist«, schlägt Sophie vor.

Mia nickt. »Wann ist eine Zeit reif?«, fragt sie unsicher.

»Das ist wie mit dem Obst, Mia«, antwortet Papa, »wenn die Früchte reif sind, sieht und fühlt man das. Und dann kann man sie ernten und essen. Wir warten also einfach nur auf den richtigen Augenblick.«

***

Am nächsten Tag ist Sonntag.

Sophie und Benjamin kommen zum Mittagessen.

Benjamin hat sich wieder beruhigt, aber er gibt sich keine Mühe, nett zu sein.

Mias Papa hat Reis mit Gemüse gekocht und zum Nachtisch gibt es ein riesengroßes Eis.

Danach gehen sie ins neue Dinosaurier-Hallenbad mit riesigen Urzeittieren, wo sie so lange herumplanschen, bis ihre Haut ganz schrumpelig ist.

Es ist ein richtig schöner Tag.

Selbst Benjamin hat Spaß beim Baden.

***

Zwei Wochen später fährt Mia mit Papa zum Abendbrot zu den Bibers.

Sophie und Benjamin haben eine kleine Wohnung am Stadtrand.

Sophie öffnet die Tür.

Benjamin hat sich in seinem Zimmer eingeschlossen.

Mia hört, wie Sophie und Papa leise über ihn reden.

Sophie ist sehr traurig, dass sich Benjamin so abkapselt, aber Mias Papa winkt ab. »Gib ihm Zeit, Sophie! Wenn er verstanden hat, dass ich nicht sein neuer Papa bin, sondern nur ein Freund sein möchte, wird er sein Schneckenhaus verlassen.«

Benjamin erscheint zum Abendessen.

Er setzt sich wortlos an den Tisch und fängt an, mit seiner Gabel zu spielen, um niemanden angucken zu müssen.
Mia fühlt sich ganz schrecklich.
So, als würde sie stinken oder an einer furchtbar ansteckenden Krankheit leiden.
Sie kriegt kaum einen Bissen herunter, so dick ist der Kloß in ihrem Hals.
»Mein Vater kocht besser«, sagt Benjamin plötzlich.
»Dein Vater lässt sogar das Wasser anbrennen«, widerspricht seine Mutter.
Mia schweigt.
Ihr schmeckt das Essen, das Sophie und Papa gekocht haben.
»Das stimmt überhaupt nicht. Früher habt ihr jeden Abend zusammen gekocht und sehr viel Spaß miteinander gehabt«, sagt Benjamin wütend.
Sophie seufzt und schüttelt den Kopf. »Ich befürchte, das hast du falsch in Erinnerung. Dein Vater kam oft erst nach dem Abendessen von der Arbeit nach Hause, wenn du schon im Bett gelegen hast. Wir haben so gut wie nie zusammen gekocht.«
»Du lügst«, ruft Benjamin und springt auf.
Sophie schluckt, weiß aber nicht, wie sie darauf reagieren soll.
»Nächstes Wochenende will ich zu Papa. Da schmeckt das Essen wenigstens«, sagt Benjamin und will aus der Küche stürmen.
»Okay, aber dann rufst du bitte deinen Vater an, damit er dich abholt«, antwortet Sophie.

Als Mia später im Auto sitzt, sagt sie zu Papa: »Benjamin mag uns nicht.«

Papa schüttelt den Kopf, während er den Wagen auf die Straße lenkt. »Nein, mein Schatz, das glaube ich nicht. Ich glaube vielmehr, dass Benjamin Angst hat, jetzt auch noch seine Mutter zu verlieren.«

Mia bläst erstaunt die Backen auf. »Aber wieso? Wir gehen mit Sophie doch nicht nach Afrika und lassen ihn hier alleine zurück.«

Papa lächelt sparsam. »Nein, das wollen wir nicht. Manchmal verstehen Kinder noch nicht alles, was die Erwachsenen machen. Aber Gefühle wie Eifersucht haben auch schon Kinder. Vielleicht fürchtet er, dass ich nun mehr Zeit mit seiner Mutter verbringen werde als er.«

Grübelnd legt Mia einen Finger an den Mund und sagt: »Seitdem wir Sophie treffen, bist du viel besser gelaunt. Du lachst wieder und pfeifst sogar beim Kochen.«

Papa gluckst wie ein Huhn und sagt: »Das ist mir noch gar nicht aufgefallen.«

Mia schaut zu ihrem Papa und sagt: »Du siehst sehr verliebt aus. So wie früher, bevor du dich so viel mit Mama gestritten hast.«

Papa lächelt nicht mehr.

Schweigend setzt er den Blinker und hält schließlich unter einer großen Straßenlaterne an.

Mit ernstem Gesicht dreht er sich zu Mia um und holt tief Luft: »Würde es dich denn stören, wenn ich mich in Sophie verliebt hätte?«

Mia drückt Papas Hand und schüttelt den Kopf. »Nein, Papa. Verliebt sein ist irgendwie aufregend. Dann hüpft und kribbelt es im Bauch und man ist ganz zappelig.«
Erstaunt betrachtet Papa seine kleine Tochter. »Woher weißt du denn, wie sich die Liebe anfühlt?«
Mia grinst. »Mädchengeheimnis, Papa. Ich bin doch schon sieben.«
Papa lächelt.
»Hauptsache, du hast mich auch noch lieb«, sagt Mia plötzlich sehr ernst.
Papa schaltet den Motor aus und legt die Handbremse ein, damit er sich nach hinten drehen kann, um Mia in den Arm zu nehmen. »Ich habe dich sogar sehr lieb und das wird sich auch niemals ändern.«
»Ich habe dich auch lieb, Papa.« Mia hält ihren Papa ganz doll fest.
Als Papa sich aus der Umarmung löst und den Motor wieder startet, sagt Mia: »Es tut weh, wenn jemand geht, den man lieb hat. Dann hat man das Gefühl, dass die Brust zerquetscht wird und man kaum noch atmen kann. Ich habe ganz lange Bauchweh gehabt, wenn ich an Mama gedacht habe.« Mia drückt ihre Hände gegen den Brustkorb, um zu zeigen, wie stark der Schmerz war.
Dann fährt sie fort: »Als Mama gegangen ist, hast du gesagt, ihr habt euch nicht mehr lieb. Aber das wusste ich schon vorher. Ihr habt euch nur noch gestritten. Das macht man nicht, wenn man sich wirklich lieb hat.«
Papa dreht sich um, um zu gucken, ob die Straße frei ist und sagt: »Es kommt immer darauf an, wie man sich strei-

tet und worüber. Aber du hast schon Recht. Wir haben längst nicht mehr fair gestritten. Und wir haben einfach zu wenig an uns und unserer Beziehung gearbeitet.«
»Wieso muss man an sich arbeiten?«, fragt Mia verwirrt.
»Weil jeder Mensch anders ist. Und wenn man friedlich zusammenleben will, muss man in Ruhe miteinander reden und im Gespräch nach Lösungen für Probleme suchen. Paare müssen Zeit miteinander verbringen, gerade wenn sie Eltern geworden sind. Die Liebe lebt von gemeinsamen Erinnerungen und Erfahrungen. Wenn man das nicht macht, entfernt man sich immer weiter voneinander und plötzlich stört es einen schon, wenn der andere nur vergisst, die Zahnpastatube zu schließen.«
»Ich verstehe nur nicht, warum Mama mich zurückgelassen hat. Sie hätte zumindest fragen können, ob ich mitkommen will«, wispert Mia.
»Das stimmt. Ich glaube allerdings, dass deine Mutter gut überlegt hat, wo es dir besser geht. Hier bei mir, Oma und Opa und deinen Freunden, oder weit weg in einem fremden Land«, sagt Mias Papa nachdenklich. »Und Afrika ist auch nicht ganz ungefährlich«, fügt er hinzu.
»Und warum meldet sie sich überhaupt nicht? Hat sie mich schon vergessen? Hat sie mich denn gar nicht lieb?«, fragt Mia traurig.
Papa dreht sich noch einmal um. »Wie kommst du denn darauf? Natürlich hat Mama dich lieb und ich bin sicher, sie denkt jeden einzelnen Tag an dich.«

Mia schnauft leise. »Dann könnte sie sich wenigstens melden. Oder eine Karte schreiben, damit wir wissen, dass sie an uns denkt und dass es ihr gut geht.«
Darauf weiß Papa auch keine Antwort. »Da hast du Recht. Ich gehe davon aus, dass sie irgendwelche Gründe hat, warum sie sich nicht meldet. Und ich schätze, es geht ihr gut.«
»Warum glaubst du das?«, fragt Mia neugierig.
»Schlechte Nachrichten hört man sofort. Daher wird es ihr gut gehen«, sagt Papa zuversichtlich und fährt nach Hause.
Erwachsene sind manchmal komisch, denkt Mia und starrt aus dem Fenster.

Übernachtung

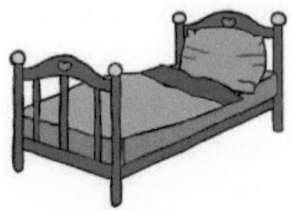

»Mia, wo hast du den Fotoapparat hingelegt?«, fragt Mias Papa und läuft aufgeregt durchs Haus.

Mia zieht die oberste Schublade vom Flurschrank auf und linst hinein. »Hier liegt er doch.«

Erleichtert bleibt Papa stehen.

»Du rennst durchs Haus wie ein aufgescheuchtes Huhn«, beschwert sich Mia, die schon längst ihre Sachen für den Ausflug eingepackt hat.

»Ich weiß. Entschuldige! Ich bin nervös wegen heute Abend«, antwortet Papa und streicht sich durch die Haare.

Verwundert hebt Mia ihre Augenbrauen und fragt: »Wir gehen doch nur in den Zoo. Wollen wir dort übernachten?«

Mias Papa nimmt lachend seine Jacke vom Haken.

Unsicher schielt er zu Mia und sagt mit brüchiger Stimme: »Nein, aber Sophie und Benjamin übernachten heute bei uns.«

Sprachlos starrt Mia Papa an.

»Ich dachte, Benjamin wollte am Wochenende zu seinem Vater fahren.«

Papa seufzt. »Das wollte er auch, aber sein Vater hat keine Zeit.«

In Mias Kopf schlagen die Gedanken Purzelbäume. »Wo schläft Benjamin denn? Nicht in meinem Zimmer, oder?«,

fragt sie schließlich ängstlich, denn Benjamin ist noch immer nicht netter zu ihr geworden.
Mias Papa schüttelt lächelnd den Kopf. »Nein. Sophie und Benjamin schlafen im Gästezimmer.«
Erleichtert nimmt Mia ihren Rucksack und geht zur Tür. »Dann ist es okay«, sagt sie.

***

Um zehn Uhr treffen sie Sophie und Benjamin vor dem Zooeingang, nachdem sie Lucy zuhause abgeholt haben.
Benjamin schaut Lucy, Mia und ihren Papa gar nicht erst an.
Er hat ganz offensichtlich keine Lust zu einem gemeinsamen Ausflug.

Stattdessen beschäftigt er sich mit einem Stock, den er immer wieder zwischen den Fingern kreisen lässt.
Mias Papa geht zu Benjamin und klopft ihm auf die Schulter. »Hallo, Benjamin. Schön, dich zu sehen.«
Benjamin antwortet nicht.
Sophie ist verärgert. »Ben, wo ist deine Kinderstube? Niemand verlangt Wunder von dir, aber ein freundliches ›Hallo‹ tut dir nicht weh.«

»Sagst du«, knurrt Benjamin und reicht Mias Papa schweigend die Hand.
Die beiden Mädchen ignoriert er.
Mia und Lucy verdrehen die Augen.
Benjamins Laune soll ihnen nicht den Tag verderben.
Also beschließen sie, so zu tun, als sei er nicht da.
Mia will Papas Hand ergreifen und ihn zu den Elefanten ziehen, doch Papas Hand greift bereits nach Sophies Hand.
Dabei lächelt Papa Sophie ganz verliebt an.
Er bemerkt Mia gar nicht.
Traurig lässt Mia den Kopf hängen.
Auf einmal fühlt sie sich ganz klein und unwichtig.
Ob Papa sie jetzt wirklich noch lieb hat?
»Da sind die Elefanten«, ruft Lucy ausgelassen und fängt an, aufgeregt von einem Bein aufs andere zu hüpfen. »Komm, Mia, wir laufen zum Zaun, dann können wir sie füttern.«
Lucys Begeisterung ist ansteckend und so hat Mia gar keine Zeit mehr, traurig zu sein.
Gemeinsam laufen sie von den Elefanten zu den Bären.
Hinter den Bären kommen auch schon die Zebras und Strauße.
Bei den Löwen sind die Vogelkäfige exotischer Vögel und schließlich erreichen sie die Pinguine.
Leise setzen sich Mia und Lucy an den Beckenrand.
Fieberhaft hält Mia Ausschau nach Fridolin.
Die ganze Pinguingruppe steht am Wasser. Zwei von ihnen springen ins kalte Nass und schon folgen ihnen alle.

Eine wilde Jagd durchs Wasser beginnt, doch keiner der Pinguine scheint sich für die Mädchen zu interessieren.
»Welcher Pinguin ist denn nun dein Fridolin?«, fragt Lucy aufgeregt. »Sie sind alle so süß!«

Mias Augen wandern über die Pinguingruppe, doch keiner hat den weißen Fleck auf dem Hinterkopf, den Fridolin hat.
Sie sitzen noch eine ganze Weile am Beckenrand, bis Benjamin anfängt zu drängeln. »Können wir endlich weitergehen?«
»Mia wartet sicherlich noch auf Fridolin«, sagt Sophie zu ihrem Sohn.
Mia nickt, aber so sehr sie auch sucht, sie kann den Pinguin nirgends entdecken. Selbst Karl, der Tierpfleger, ist weit und breit nicht zu sehen.
»Komm, wir laufen zur Höhle und fragen nach, ob Karl, der Tierpfleger, da ist«, schlägt Mia vor.
Also laufen die Mädchen zum Eingang des Geheges und klopfen an die Tür, aber niemand öffnet.
»Ich glaube, wir haben heute Pech«, sagt Mias Papa schulterzuckend.

»Wir können doch nachher noch einmal hier vorbei schauen«, schlägt Sophie vor.

Enttäuscht folgen Mia und Lucy den anderen durch den Zoo.

Die Affen haben Babys bekommen und Benjamin ist ganz begeistert von den Orang-Utans.

Also picknicken sie im Affenland.

Dann gehen sie weiter zu den Tigern.

Als es auch noch anfängt zu regnen, ist Mias gute Laune wie weggeblasen.

»Bist du müde?«, fragt Papa, doch Mia zuckt nur mit den Schultern.

Sie hat keine Lust zu reden.

Den Zooausflug hatte sie sich anders vorgestellt.

Sophie schaut auf ihre Armbanduhr. »Tom! Es ist schon drei Uhr nachmittags. Wir sollten nach Hause fahren, damit sich die Kinder ausruhen können.«

Mias Papa nickt und lächelt Sophie an.

Dann nimmt er wieder ihre Hand und winkt Mia mit der anderen Hand hinter sich her.

Mias Beine fühlen sich an wie Blei.

Auch ihr Herz fühlt sich auf einmal ganz zusammengedrückt an.

»Wir gehen noch einmal am Pinguingehege vorbei«, schlägt Mias Papa vergnügt vor.

Die Mädchen ziehen ihre Kapuzen über den Kopf und folgen den Erwachsenen.

Doch auch jetzt haben sie kein Glück.

Die Pinguine haben sich alle in ihre Höhlen verkrochen und an der Tür zum Pinguinhaus öffnet auch niemand.
Stumm trotten sie zum Parkplatz.
»Jetzt waren wir ganz umsonst im Zoo«, sagt Lucy enttäuscht.
Mias Papa schaut sie verwundert an. »Aber Lucy, wir haben doch so viele andere interessante Tiere gesehen«, sagt er aufmunternd.
Die Mädchen grunzen.
»Aber wir wollten doch Fridolin besuchen«, widerspricht Lucy.
»Das klappt bestimmt beim nächsten Mal«, versucht Sophie die Mädchen aufzuheitern.
Auf dem Parkplatz verabschiedet sie sich von Lucy und steigt mit Benjamin in ihr Auto.
Papa bringt erst Lucy weg, dann fahren sie nach Hause.
Mia ist traurig.
Sie hatte so sehr gehofft, dass sie ihrer Freundin Fridolin vorstellen kann.
»Wir machen es uns gleich so richtig gemütlich«, sagt Mias Papa. »Siehst du, Sophie und Benjamin warten schon vor unserer Haustür.«
Mias Papa freut sich, weil Sophie heute über Nacht bleibt, denkt Mia. Schade, dass sie Lucy nicht zum Übernachten eingeladen haben. Dann hätte sie sich auch wie Sophie und Papa einen schönen Abend machen können.
Vielleicht ist es doch nicht so gut, dass sich Papa verliebt hat. Jetzt hat er bestimmt keine Zeit mehr für sie.

Benjamin verkriecht sich sofort mit seinem Smartphone im Gästezimmer.
Auch Mia geht in ihr Zimmer und legt sich aufs Bett.
Sie tut so, als würde sie schlafen, dabei spuken ihr tausend Gedanken durch den Kopf.
Nach einer Stunde hat Mia keine Lust mehr, an die Zimmerdecke zu starren.
Sie steht auf und geht in die Küche, um etwas zu trinken.
Es riecht lecker nach Nudeln und Tomatensoße.

Sophie steht am Herd und kocht, während Mias Papa am Tisch sitzt und sich lachend mit ihr unterhält.
»Hallo, Mia«, sagt ihr Papa erfreut. »Komm und setz dich ein bisschen zu uns!«
Mia versucht zu lächeln, doch ihr Mund will sich einfach nicht bewegen.
Sie nimmt ihr Glas und trinkt etwas Saft.
»Das Essen ist gleich fertig, Mia«, sagt Sophie und zeigt auf die Schubladen. »Es wäre schön, wenn du uns beim Tischdecken helfen könntest.«
Mia nickt schweigend und holt Teller und Besteck heraus.
Als sie fertig ist, lässt sie sich auf ihren Stuhl plumpsen und wartet auf das Essen.

Mias Papa holt Benjamin in die Küche, der genauso unglücklich guckt wie Mia.

Sophie stellt ihnen die Teller mit Mias dampfender Lieblingsspeise vor die Nase. »Guten Appetit«, sagt sie und setzt sich.

»Mmh, das duftet wirklich herrlich«, sagt Mias Papa.

Er lächelt Sophie an, nimmt ihre Hand und küsst sie.

Er hat nur noch Augen für sie.

Er sieht gar nicht, dass Mia traurig ist.

Und das macht Mia noch trauriger.

Ein Kloß macht sich in ihrem Magen breit.

Sie kann gar nichts essen, so sehr tut das weh.

»Mia, was ist los? Du wirst doch nicht krank?« Papa fasst Mia an die Stirn. »Fieber hast du nicht«, stellt er fest. »Hast du keinen Hunger?«, fragt er weiter.

Mia schüttelt den Kopf.

Benjamin grinst hämisch. »Die macht doch nur so ein blödes Gesicht, weil sie ihren doofen Pinguin nicht gesehen hat.«

»Benjamin!« Sophie schaut ihren Sohn streng an, doch dieser zuckt nur gleichgültig mit den Schultern.

»Möchtest du in dein Zimmer gehen?«, fragt Papa schließlich und Mia nickt.

Sie steht auf und geht in ihr Zimmer, um sich bettfertig zu machen.

Nach dem Zähneputzen legt sie sich aufs Bett, doch sie kann einfach nicht einschlafen.

Papa kommt noch einmal ins Zimmer und setzt sich zu ihr. »Hoffentlich brütest du nichts aus«, sagt er leise.

Mia schüttelt stumm den Kopf.

»Möchtest du eine Geschichte hören?«, fragt Papa.

Mia zeigt auf ihr Bücherregal und sagt: »Wir haben das Märchen vom ›*Süßen Brei*‹ noch nicht weitergelesen.«

Doch Papa winkt ab. »Mia, wir haben Besuch. Du weißt doch, dass ich nicht vorlesen kann, wenn wir Besuch haben. Ich mache dir ein Hörspiel an.« Damit steht ihr Papa auf und schaltet den Kassettenrekorder an.

Mia zieht sich ihre Decke über den Kopf und verkriecht sich.

Sie will Papa keine gute Nacht mehr wünschen.

***

Mitten in der Nacht wacht Mia auf.

Sie hat schlecht geträumt.

Ein Löwe hat ihre Mama angegriffen und nun liegt diese verletzt im afrikanischen Busch und braucht Hilfe.

Mia schaltet ihr kleines Nachtlicht an und tapst auf den Flur hinaus.

Sie geht direkt zu Papas Schlafzimmer.

Der Mond scheint ins Zimmer.

Papa hat vergessen, die Vorhänge zu zuziehen.

Müde will sich Mia auf Mamas Bettseite legen, als sie sieht, dass sie besetzt ist.

Sophie liegt neben Papa und schläft.

Unsicher geht Mia ein paar Schritte zurück und fällt prompt über einen Kleiderständer.

Laut krachend fällt dieser zu Boden.

Sofort sind Papa und Sophie wach.

Papa schaltet das Licht an und ruft: »Mia, hast du uns erschreckt! Was ist denn los?«
Mia schaut stumm zu Sophie, dann wieder zu Papa.
Sie weiß gar nicht, was sie sagen soll.
»Hast du schlecht geträumt?«, fragt Sophie und Mia nickt.
Normalerweise hätte Papa jetzt die Bettdecke gelüftet und Mia wäre zu ihm gekrabbelt.
Aber jetzt ist alles anders.
Papa steht auf und hebt Mia auf seine starken Arme.
Er bringt sie zurück in ihr Zimmer und schaltet eine kleine Lampe an.
Dann setzt sich Papa an Mias Bett und streichelt ihren Kopf. »Was hast du denn geträumt?«, fragt er.
Mia zögert.
Am liebsten hätte sie ihm von dem Löwenangriff auf Mama erzählt, aber dann muss sie an Sophie denken, die in Mamas Bett liegt. »Ich habe es vergessen«, lügt sie Papa deshalb an.
Papa lächelt und gibt Mia einen Kuss.
Dann verlässt er das Zimmer und lässt Mia alleine zurück.

Liebeskummer

Am nächsten Morgen sitzen alle am Frühstückstisch.
Mias Papa schenkt den Tee ein, während Sophie die Brötchen verteilt.
»Hast du gut geschlafen, Benjamin?«, fragt Mias Papa.
Benjamin zuckt mit den Schultern. »Nee, hab ich nicht. Das Bett ist viel zu hart.«
Verärgert verzieht Sophie das Gesicht. »Und du, Mia?«, will sie von Mia wissen, »konntest du wieder einschlafen?«
Mia nickt stumm.
Sie fühlt sich ganz schlapp heute. »Darf ich in mein Zimmer gehen?«, fragt sie leise.
Mias Papa mustert sie kritisch. »Hast du denn gar keinen Hunger?«, fragt er.
Mia schüttelt den Kopf.
»Also gut«, sagt Papa, »aber wenn du kein Frühstück isst, kannst du nachher auch keine Bonbons essen.«
Die Bonbons sind Mia egal.
Sie fühlt sich einsam und verlassen.
Ihr Papa hat nur noch Augen für Sophie.
Kraftlos schlurft sie in ihr Zimmer und lässt sich aufs Bett fallen.
Nach einer ganzen Weile betritt Papa ihr Zimmer. »Darf ich hereinkommen?«, fragt er.
Mia antwortet nicht.
Mias Papa setzt sich auf die Bettkante und streichelt ihren Rücken.

Und plötzlich spürt Mia, wie ihr Gesicht ganz heiß wird. Ihre Augen brennen und bevor sie irgendetwas machen kann, purzeln die Tränen von ganz allein über ihre Wangen. Schluchzend liegt sie auf ihrem Bett und ihr Papa sitzt ratlos daneben.

»Du hast von Mama geträumt, nicht wahr?«, fragt er mit einem Mal.

Mia nickt.

Ihre Kehle ist wie zugeschnürt und ihre Stimme versteckt sich ganz tief hinten im Hals.

Mias Papa seufzt. »Entschuldige, Mia! Ich hätte dich letzte Nacht nicht wegschicken oder alleine lassen dürfen.«

Mia blickt ihn fast ein wenig verärgert an und sagt: »Selbst als Mama noch da war, durfte ich in eurem Bett schlafen, wenn ich einen Albtraum hatte.«

Mias Papa kaut auf seiner Unterlippe herum. »Stimmt. Und jetzt ist alles anders, was?«

Mia nickt erneut.

Dann nimmt Papa ihre Hand. »Weißt du, meine kleine, große Mia, die Situation letzte Nacht war auch für mich nicht einfach. Sophie hat zum ersten Mal in meinem Bett geschlafen. Und plötzlich tauchst du auf und brauchst mich.« Papa holt tief Luft und fährt fort: »Ich wusste einfach nicht, wie ich reagieren sollte. Ich habe mich nicht getraut, dich mit zu Sophie und mir ins Bett zu nehmen. Und so hielt ich es für das Beste, dich zurück in dein Bett zu bringen. Aber dabei hast du dich nicht gut gefühlt, richtig?«

Mia nickt schniefend und holt sich ein Taschentuch von ihrem Nachtschrank. »Mir fährt eine schmerzende Schlange durch den Bauch, wenn ich nur daran denke. Ich habe mich richtig alleine gefühlt.« Sie putzt sich die Nase.

»Entschuldige bitte, dass ich dir Liebeskummer bereitet habe, meine Süße«, sagt Mias Papa ganz zerknirscht.

Plötzlich glänzen Mias Augen. Sie hat eine Idee. »Vielleicht kannst du nächstes Mal einfach bei mir schlafen, wenn ich einen Albtraum habe?«

Papa sieht sie lange an, dann sagt er: »Ich werde darüber nachdenken. Aber du musst mir versprechen, dass du nicht immer ausgerechnet in den Nächten einen Albtraum hast, in denen Sophie bei uns übernachtet. Sonst stehe ich vor Sophie irgendwann wie ein Trottel da.«

Mia weiß nicht, was sie sagen soll, stattdessen fragt sie: »Werden Sophie und Benjamin denn öfters bei uns übernachten oder sogar bei uns einziehen?«

Mias Papa zuckt mit den Schultern. »Ich weiß es nicht. Es ist alles noch so neu.«

Gedankenverloren starrt Mia auf ihr Poster. »Wie es wohl Fridolin jetzt geht? Sicher ist er auch so einsam wie ich.« Wieder purzelt eine Träne über Mias Wange. Sie fühlt sich schrecklich allein, obwohl Papa da ist.

Mias Papa nimmt sie in den Arm. »Du bist doch nicht einsam, Mia. Ich bin immer noch da. Und nur weil ich mit Sophie zusammen bin, lasse ich dich doch nicht hängen. Wenn Menschen nur einen Menschen lieben könnten, könnten sie niemals eine Familie gründen. Wir sind Herdentiere, weißt du. Und die Liebe zu seinem Kind ist immer anders als die Liebe zu seinem Partner. Du stehst völlig außer Konkurrenz.«

»Wie meinst du das, Papa?«, fragt Mia verwirrt.

»Meine Liebe für dich wird niemals in die Liebe zu Sophie abwandern. Ich werde dich immer lieb haben, egal, mit welcher Frau ich mein Leben teile.«

Plötzlich lacht Papa auf und sagt: »Wahrscheinlich würdest du die beiden ganz schön vermissen, wenn sie mit einem mal nicht mehr kommen würden.«

Mia trocknet sich die Tränen.

Sie ist sich nicht sicher, ob sie Benjamin wirklich vermissen würde.

Besonders nett ist er ja nicht zu ihr.

Und Sophie sieht sie schließlich jeden Tag in der Schule.

»Ich wünschte, ich könnte Fridolin besuchen«, sagt sie stattdessen.

Papa stutzt. »Du willst schon wieder in den Zoo?«

Mia nickt und sagt: »Ja, aber nur zu den Pinguinen.«

Papa denkt nach. Dann erhellt sich sein Gesicht. »Du könntest doch mit Oma und Opa in den Zoo fahren.«

Mia nickt und klatscht in die Hände. »Das ist eine prima Idee, Papa.«

Mias Papa verlässt das Zimmer, um mit Oma und Opa zu telefonieren.
Mia bleibt noch einen Augenblick auf ihrem Bett sitzen und überlegt, was sie Fridolin mitbringen könnte.
Suchend schaut sie sich um.
Ihr Blick fällt auf die Fotomappe vom Zoo.
Und dann hat sie eine Idee.
Sie nimmt das große Foto von sich und Fridolin heraus und verstaut es in ihrer Tragetasche.
Beschwingt läuft sie damit die Treppe hinab.
Mias Papa und Sophie stehen in der Küche.
Als Mia hereinkommt, sagt Papa: »Komm, Mia, pack ein paar Sachen ein! Oma und Opa holen dich noch vor dem Mittagessen ab, um mit dir in den Zoo zu fahren.«
Begeistert macht Mia einen Luftsprung.
»Aber iss bitte noch etwas, sonst hast du keine Kraft zum Laufen. Immerhin hast du gestern schon kein Abendessen gegessen«, sagt ihr Papa und deutet auf ihren Teller, auf dem ein Brötchen mit Honig liegt.
»Ja«, sagt Mia und setzt sich hin, »ich habe auch einen Bärenhunger.«

***

Mittags steht Mia mit Oma und Opa vor dem Gehege der Pinguine.
Angestrengt sucht Mia Fridolin, aber er ist nicht da.
Sie setzt sich auf den Beckenrand, doch die anderen Pinguine interessieren sich nicht für sie.
»Ist dein kleiner Freund nicht dabei?«, fragt Oma.

Mia schüttelt traurig den Kopf und fragt: »Können wir nicht warten, bis die Pinguine gefüttert werden?«
Oma nickt und Opa lässt sich auf der Bank vor dem Schwimmbecken nieder. Von dort aus beobachtet er die Pinguine vor ihren Höhlen.
Bei den Robben sieht Mia plötzlich einen Tierpfleger stehen.
Sie beschließt, ihn nach Karl zu fragen. »Guten Tag«, sagt sie zu dem Tierpfleger.
»Guten Tag, junge Dame«, antwortet dieser.
»Können Sie mir sagen, wo ich Karl finde?«, fragt Mia mutig.
»Karl? Wir haben keine Robbe, die Karl heißt«, sagt der Mann.
Mia lacht schnaufend. »Aber Karl ist doch keine Robbe. Karl ist der Tierpfleger bei den Pinguinen.«
»Oh! Den Karl meinst du«, entgegnet der Mann und lächelt. »Karl ist im Pinguinhaus. Einer der Pinguine ist krank.«
Mia hält erschrocken den Atem an.
Hoffentlich redet der Mann nicht von Fridolin.
»Kennst du den Karl?«, fragt der Mann neugierig.
Mia nickt. Unsicher tritt sie von einem Bein aufs andere.
»Na, dann komm mal mit! Ich werde sehen, ob ich dich zu ihm bringen kann.« Der Tierpfleger stapft mit seinen dicken Gummistiefeln am Beckenrand der Robbenanlage entlang, schlüpft aus dem Tor und läuft mit Mia zum Pinguingehege.
An der Höhle klopft er gegen eine große Eisentür.

Dreimal.

Tock, tock, tock.

Leise quietschend gleitet die Tür beiseite und Karl steckt seinen Kopf heraus. »Martin! Was treibt dich denn zu den Pinguinen?«, fragt er.

Der hilfsbereite Tierpfleger zeigt auf Mia. »Hier ist eine junge Dame, die dich sprechen möchte.«

Karl blickt zu Mia.

Es dauert ein paar Sekunden, bis er sie wieder erkennt.

Dann sagt er: »Du bist doch die kleine Mia, die den Fridolin so gerne mochte.«

Mia grinst.

Dann greift sie in ihre Tragetasche und holt das Foto von sich und Fridolin heraus. »Sie haben gesagt, ich darf Fridolin noch einmal besuchen kommen. Aber ich kann ihn nirgendwo entdecken.«

Traurig verzieht Karl das Gesicht. »Der Fridolin ist krank.«

Mia wird vor lauter Aufregung ganz flau im Magen.

»Was hat er denn?«, fragt sie aufgebracht.

Karl öffnet die Tür ganz und seufzt: »Er frisst nicht mehr. Die Tierärztin hat ihn schon untersucht, aber sie konnte nichts feststellen.«

Martin legt den Kopf schief und schielt auf das Foto von Mia und Fridolin. »Also, wenn ich mir das Bild von dieser jungen Dame und deinem Pinguin so anschaue, Karl, dann würde ich sagen, der kleine Fridolin hat Liebeskummer.«

Karl starrt seinen Arbeitskollegen verwundert an. »Liebeskummer?«, fragt er ungläubig.
Martin nickt. »Ja. Das soll auch bei Pinguinen vorkommen.«
Martin verabschiedet sich winkend von den beiden und geht wieder zurück zu den Robben.
»Mensch, Mia, das ist die Idee! Willst du hereinkommen und Fridolin besuchen? Vielleicht hat er dich wirklich nur vermisst und will deshalb nichts mehr fressen.«
Mia winkt Oma zu sich und geht mit ihr und Karl ins Pinguinhaus.
Mitten auf dem Tisch der kleinen Krankenstation steht ein Korb mit vielen Kissen. Und auf diesen Kissen sitzt ein kleiner Pinguin mit einem weißen Fleck auf dem Hinterkopf.
»Hallo Fridolin«, sagt Mia leise, denn sie will den kleinen Kerl nicht erschrecken.
Fridolin hebt sein Köpfchen und schaut sie neugierig an.
Und mit einem Mal kommt Leben in ihn.

Aufgeregt öffnet er seinen Schnabel, als wollte er mit ihr reden.

»Du darfst ihn gerne streicheln«, sagt Karl, der in einer Ecke steht und sie beobachtet.

Mia geht zu Fridolin und streichelt ihm über den Kopf.

Fridolin quiekt auf und drückt sich verschmust gegen Mias Hand.

Karl lacht erfreut und sagt: »Fridolin erinnert sich an dich, Mia. Ich glaube, er hat dich tatsächlich vermisst.«

»Darf ich ihn auf den Arm nehmen?«, fragt Mia und wartet gespannt auf die Antwort.

Karl legt die Stirn in Falten.

Er denkt nach.

Dann nickt er. »Ich bin mir nicht sicher, ob er das will. Aber du kannst dich ja auf diesen Stuhl hier setzen und wir überlassen ihm die Entscheidung.« Karl zieht einen Stuhl zum Tisch und lässt Mia Platz nehmen.

Mia lächelt Oma zu, die am Rand der Höhle steht und zurücklächelt. Sie hat richtig starkes Herzklopfen vor Aufregung.

Sofort krabbelt Fridolin aus dem Korb und hüpft auf Mias Schoß.

Ruhig streichelt Mia ihm über den Rücken.

Fridolin schließt die Augen und lässt sich die Streicheleinheiten gefallen.

»Ich fasse es nicht«, sagt Karl leise und geht zum Kühlschrank, um ein paar Fische herauszuholen. »Da ist der Knabe verliebt! Und ich zermartere mir den Kopf, an welcher unentdeckten Krankheit er leidet.«

Dann wendet er sich an Mia und fragt: »Kannst du versuchen, ihn zu füttern?« Mit zitternden Händen hält Karl ihr eine Schüssel mit kleinen Fischen hin.
Mia nickt und greift nach den glitschigen Sardellen.
Sofort fängt Fridolin an zu quieken, dann schnappt er sich den ersten Fisch und schluckt ihn gierig hinunter.
Karl klatscht begeistert in die Hände. »Fridolin ist liebeskrank. Das ist ja wunderbar!«
Erstaunt blickt Mia auf und fragt: »Warum ist das wunderbar? Liebeskummer tut doch weh! Krankheiten sind schrecklich.«
Karl schüttelt grinsend den Kopf. »Nein, nein. Liebeskummer ist keine echte Krankheit, die durch Bakterien oder Viren hervorgerufen wird. Das sagt man bloß so, weil man sich krank fühlt, wenn man unglücklich verliebt ist. Oft haben die Betroffenen Kopfschmerzen, Bauchweh oder sie können nicht schlafen und nicht essen.«
Mia denkt nach.
Gestern war sie auch liebeskrank und hatte vor lauter Bauchweh nichts essen können.
In Windeseile hat Fridolin alle sechs Fische aufgefressen.
Karl telefoniert mit der Tierärztin und setzt sich dann mit ernster Miene an den Tisch. »Sag mal, Mia, hast du vielleicht Lust, Fridolin öfters zu besuchen?«
Mia strahlt. »Ja, das wäre toll. Aber ich muss erst noch meinen Papa fragen.«
»Das solltest du, Mia«, wirft ihre Oma ein, »denn so ein Zoobesuch kostet jedes Mal eine Menge Geld.«

»Tu das«, lacht Karl. »Aber das Geld soll keine Rolle spielen. Ich werde dir einen Besucherausweis besorgen und du kannst damit den kleinen Fridolin so oft besuchen, wie du willst. Vielleicht sogar jede Woche. Das wäre super!«

Lächelnd streichelt Mia den kleinen Fridolin und sagt: »Hoffentlich erlaubt es mein Papa.«

***

Eine halbe Stunde später hat Opa mit Papa telefoniert und hält eine überglückliche Mia an der Hand.

Stolz trägt Mia ihren Besucherausweis um den Hals, als sie mit Oma und Opa nach Hause geht.

Das Foto von ihr und Fridolin hat sie im Zoo gelassen. Karl hat versprochen, es gleich in Fridolins Höhle aufzuhängen.

Ein Anfang

Anfang Dezember ziehen Sophie und Benjamin bei Mia und ihrem Papa ein.
Benjamin bekommt das Gästezimmer und Sophie schläft bei Papa.

Überall stehen Umzugskartons herum und Mia hat ein ganz flaues Gefühl im Bauch. Jetzt bekommt sie einen Bruder, der sie immer nur anmeckert, weil er gar nicht bei ihr wohnen will.
Nur Sophie ist nett zu ihr.
»Was ist denn das für ein Gestank?«, fragt Benjamin noch am gleichen Tag und lässt sich mit gerümpfter Nase auf dem Küchenstuhl neben Mia fallen. »Wie riechst du denn?«, ruft er aus. »Du stinkst ja nach Fisch!«
Mia guckt unsicher zu Papa.
Dieser winkt gelassen ab.

»Ich stinke nicht«, antwortet Mia leise, »ich habe Fridolin besucht und Pinguine essen nun einmal Fisch.«
Benjamin schnauft verächtlich. »Du und dein bescheuerter Pinguin!« Er nimmt seine Gabel und sticht damit ins Schnitzel. »Und was ist das für ein Fraß? So was esse ich nicht.«
»Benjamin!«, ruft Sophie erschrocken aus. »Das Essen haben Mia und Tom gekocht. Seit wann isst du keine Schnitzel mehr?«
Entschlossen schiebt Benjamin seinen Teller weg. »Das esse ich nicht. Dann verhungere ich lieber.«
Betreten schaut Mia zwischen Benjamin, Sophie und ihrem Papa hin und her.
So etwas würde sie nicht einmal denken.
Ihr Papa sagt immer, sie können froh sein, dass sie etwas zu essen haben, wo doch so viele Menschen hungern müssen.
Mias Papa guckt angesäuert, als hätte er in eine Zitrone gebissen.
»Das esse ich nicht«, ruft Benjamin noch einmal so laut, dass Mia erschrocken zusammenzuckt.
Sophie ist den Tränen nah, nur Mias Papa sagt ganz gelassen: »Dann lässt du es eben stehen und gehst in dein Zimmer.«
Benjamin schnauft verächtlich und sagt: »Bei Papa ist alles besser. Da essen wir im Restaurant und ich darf sogar am Computer spielen. Ich will bei Papa wohnen.«
»Ich dachte, du kommst nicht so gut mit Papas neuer Freundin zurecht«, sagt Sophie verletzt.

Benjamin zuckt mit den Schultern. »Anna ist okay. Vor allem hat sie keine nervige Tochter, die nach Fisch stinkt.«

Mia schießen die Tränen in die Augen.

»Das war gemein«, sagt Sophie, »entschuldige dich sofort bei Mia!«

Doch Benjamin verschränkt bockig die Arme vor der Brust. »Nö. Wieso musstest du dich auch ausgerechnet in Tom verlieben. Er ist ein langweiliger Spießer. Ich wette, er kennt nicht ein einziges Computerspiel. Papa ist ganz anders.«

»Zum Glück ist Tom anders als dein Vater«, ruft Sophie aufgebracht.

Mias Papa legt Sophie eine Hand auf den Arm und wendet sich an Benjamin. »Niemand zwingt dich, uns zu mögen…«, sagt er, wird aber unterbrochen.

»Mögen? Ich hasse euch!«, schleudert Benjamin ihm an den Kopf.

»…aber du wirst uns den nötigen Respekt entgegenbringen, den jeder Mensch verdient hat und hörst auf, uns zu beleidigen«, fährt Mias Papa unbeirrt fort.

»Du hast mir gar nichts zu sagen. Du bist nicht mein Vater«, ruft Benjamin.

»Ich bin nicht dein Vater, richtig. Aber du hast Mia und mich bewusst verletzt und das lasse ich nicht zu«, antwortet Mias Papa.

Beleidigt verlässt Benjamin die Küche.

***

Nach dem Mittagessen gehen sie im Wald spazieren.
Alle.
Auch Benjamin muss mitgehen.
Ausgelassen springen Mia und Papa von Baum zu Baum.
Sie spielen Dschungeltiere.
Mias Papa ist ein Gorilla.
Er nimmt einen großen Ast und wirft ihn laut grölend in einen grün bedeckten Tümpel. Mit einem lauten Platschen landet er darin und verschwindet.
Benjamin steht mehrere Meter entfernt und schaut ihnen grimmig zu.
Mia läuft zu einem Baum und klettert kreischend hinauf.
»Ich bin ein Schimpanse«, ruft sie laut und lacht.
Sophie schmunzelt, aber so richtig kann sie sich nicht freuen, denn Benjamin ist nur am Schimpfen.
Mia und ihr Papa versuchen, seine schlechte Laune zu ignorieren, aber einfach ist das nicht.

***

Am Abend haben sich Papa und Sophie etwas ganz Besonderes ausgedacht.
Es gibt Raclette.
Ein Essen mit ganz viel Käse, das man in Frankreich isst.
Mia hat es schon einmal gegessen, als Tante Klara zu Besuch war.
Sophie stellt das heiße Gerät mit der grauen Steinplatte auf den Tisch, während Papa kleine Pfannen auf Untersetzern verteilt.

Dann holen sie Schüsseln mit Tomaten, Zwiebeln, Paprika, Brot, Pilzen, Kartoffeln, Nudeln und natürlich Käse, denn der darf nicht fehlen.
»Setzt euch, Kinder! Heute feiern wir, dass Sophie und Benjamin bei uns eingezogen sind«, sagt Papa und ergreift lächelnd Sophies Hand.
Benjamin nimmt neben Mia Platz und verschränkt wütend die Arme vor der Brust. »Ich will hier nicht wohnen. Also muss ich auch nicht feiern.«
Papa seufzt leise. »Wir feiern es trotzdem. Guten Appetit!«
»Papa, was muss ich jetzt in meine Pfanne legen?«, fragt Mia unsicher.
Mias Papa lächelt Mia an und nimmt sein Pfännchen hoch. »Hier kannst du alles reinlegen, was du gerne isst. Tomaten und Pilze oder Kartoffeln und Paprika. Zum Schluss legst du eine Scheibe Käse darüber. Das Ganze stellst du unter die heiße Steinplatte, damit der Käse schmelzen kann.«
Benjamin schiebt seinen Teller beiseite.
Dabei stößt er gegen sein Glas, das klirrend zerbricht.
Sofort läuft der rote Saft auf den hellblauen Teppich.
»Benjamin«, ruft Sophie verärgert aus, «pass doch auf!«
Benjamin wird wütend, schleudert seinen Teller auf den Boden und ruft: »Ich will keinen neuen Vater haben. Ich will auch keine Schwester haben. Lasst mich doch alle in Ruhe!« Damit rennt er aus dem Zimmer und lässt drei erschrockene Gesichter zurück.
Mia wagt kaum zu atmen.

Der rote Saft platscht noch immer vom Tisch auf den Boden, wo Benjamins kaputter Teller liegt.
Das war Mamas Lieblingsgeschirr, denkt Mia und hilft Papa und Sophie flugs beim Aufräumen.
Mia, Papa und Sophie essen trotzdem Raclette und feiern ein kleines bisschen, auch wenn Benjamin die lustige Stimmung verdorben hat.

***

Am nächsten Morgen ist Benjamin bereits vor dem Frühstück aus dem Haus gegangen.
»Wo ist Benjamin?«, fragt Mia neugierig.
»Er ist beim Fußball«, antwortet Sophie.
Papa setzt sich an den Tisch und schaufelt schweigend sein Müsli in sich hinein. »Ich gehe heute auch zum Fußball«, sagt er schließlich.
Erstaunt schaut Sophie zu Mias Papa und sagt: »Ich dachte, du spielst gar kein Fußball.«
»Tue ich auch nicht«, antwortet Tom Maibaum grinsend. »Ich will bei Benjamin zugucken. Vielleicht fühlt er sich dann wie ein Familienmitglied.«
Mia mag kein Fußball.
Und sie hat auch überhaupt keine Lust, Benjamin beim Fußballspielen zuzusehen, aber Papa zuliebe geht sie mit.
Gemeinsam mit Sophie fahren sie zum Sportplatz.

Sie setzen sich auf die Zuschauertribüne, wo bereits mehrere Eltern stehen und ihren Kindern Ratschläge zurufen. Ein paar der Eltern grüßen Sophie und werfen ihnen neugierige Blicke zu.
Ein Mann in schwarzer Kleidung pustet durch seine Trillerpfeife.
Das muss der Schiedsrichter sein.
Sie kommen gerade rechtzeitig zum Spielanfang.
Die Sonne scheint und es ist ein milder Herbsttag.
Fasziniert beobachtet Mia, wie geschickt Benjamin den Ball mit den Füßen von einer Spielhälfte zur nächsten drippelt und sogar ein Tor schießt.
In der Halbzeit schlendert Benjamin mit hängenden Schultern über den Platz, obwohl sie bereits mit 1:0 Toren führen.
Sophie hebt die Hand und winkt ihm zu, doch er bemerkt sie nicht.
Mias Papa steht auf und geht zum Spielfeldrand.
Neugierig schleicht Mia hinterher und hört, wie Papa Benjamin begrüßt. »Hallo, Benjamin! Gut gespielt.«
Benjamin bleibt stehen.
Er schaut Mias Papa erstaunt an und fragt: »Was willst du denn hier?« Feindselig verschränkt er die Arme vor der Brust.
»Heute ist ein wichtiges Spiel für dich und deine Mannschaft«, antwortet Mias Papa, »und da dachten wir, wir feuern dich an.«
Benjamins Augenbraue rutscht in die Höhe. »Papa hatte nie Zeit, ein Spiel von mir anzusehen.«

Mias Papa räuspert sich und sagt: »Zeit muss man sich nehmen wollen. Manche Erwachsene haben vor lauter Arbeit vergessen, was sie wirklich wollen und was für ihre Kinder wichtig ist. Es gibt ein Sprichwort: ›*Die Arbeit läuft dir nicht davon, wenn du deinem Kind einen Regenbogen zeigst. Aber der Regenbogen wartet nicht, bis du mit der Arbeit fertig bist.*‹«

»Was soll das denn heißen?«

»Dass man nie eine Gelegenheit mit seinem Kind verpassen sollte, weil Arbeit eben nicht wichtiger ist, als seinem Kind etwas Zeit zu widmen«, erklärt Mias Papa.

Benjamin antwortet nicht und schaut auf den Boden. Dann nickt er kurz und läuft schließlich zu seiner Mannschaft.

»Meinst du, er wird jetzt netter?«, fragt Mia leise.

Papa dreht sich um und lächelt. »Das will ich hoffen. Immerhin ist es einen Versuch wert, nicht wahr?«

Mia nickt.

***

Fünf Tage später ist Benjamins Fahrrad kaputt.

Verärgert wirft er das Rad in den Rosenbusch, den Mias Mama noch gepflanzt hat.

»Benjamin, räum dein Fahrrad bitte weg!«, ruft Mias Papa streng.

Benjamin stutzt und sagt schließlich: »Du hast mir gar nichts zu sagen. Du bist nicht mein Vater.«

»Das ist richtig«, antwortet Mias Papa ruhig, »aber wenn wir Freunde werden wollen, musst du dich an ein paar

Regeln halten. Eine Regel lautet: ›*Ich mache nichts kaputt, was mir nicht gehört*‹. Und der Rosenbusch kann nichts dafür, dass du einen platten Reifen hast.«

Benjamin starrt Mias Papa lange an, dann geht er zum Rosenbusch und hebt sein Fahrrad hoch. »Mein Reifen ist kaputt. Ich habe ein Loch.«

»Bestimmt bist du an den Flaschencontainern vorbeigefahren. Da liegen immer so viele Scherben herum«, mutmaßt Mias Papa.

Benjamin nickt betreten.

Mias Papa legt ihm einen Arm um die Schulter und fragt: »Wollen wir dein Fahrrad zusammen reparieren?«

Auf Benjamins Gesicht erscheint zum ersten Mal ein kleines Lächeln. »Ja«, sagt er leise und schaut verlegen auf den Boden.

Mias Papa grinst.

Dann geht er in seine Werkstatt und holt Flickzeug heraus.

»Mia, hast du Lust, mit mir zu backen?«, ruft Sophie Mia zu, die auf der Gartenschaukel sitzt und Papa und Benjamin beobachtet.

Mia hört auf zu schaukeln und läuft zum Haus. »Gerne. Was backen wir denn?«

»Plätzchen«, antwortet Sophie. »Tom hat mir erzählt, dass du mit deiner Mama immer Kekse gebacken hast. Ich hoffe, es ist okay, wenn wir zwei das jetzt auch machen.«

Mia denkt kurz nach, dann nickt sie. »Ja, ich glaube, das geht in Ordnung.«

Lucy

Einen Sonntag später klingelt es nach dem Mittagessen an der Tür.
Mia läuft hin und öffnet.
Es ist Lucy.
»Hallo Lucy«, begrüßt Mia ihre beste Freundin.
»Hallo Mia, ich wollte dich fragen, ob du mit mir basteln willst«, sagt Lucy.
Mia lächelt. »Gerne. Komm doch herein.«
»Mia, wer ist an der Tür?«, ruft Mias Papa aus dem Wohnzimmer.
Lucy kichert und ruft zurück: »Ich bin es, Herr Maibaum, Lucy!«
»Hallo Lucy«, ertönt es aus dem Wohnzimmer.
Lucy öffnet ihre Tasche. »Sieh mal, was ich mitgebracht habe! Papier, Schere, Klebestift und ein paar besonders schöne Oblaten.«
»Was sind denn Oblaten?«, fragt Mia und späht neugierig in die Tasche.

»Das sind alte Papierbilder«, erklärt Lucy. »Meine Mutter hat sie mir geschenkt. Sie sagt, als sie ein Kind war, gab es die überall zu kaufen. Heute gibt es nur noch langweilige Aufkleber.«

Lucy holt einen Stapel dünnes, bedrucktes Papier heraus und hält es Mia unter die Nase.

Auf dem Papier sind Mädchen, Engel, Feen und allerlei Schmetterlinge und bunte Blumen abgebildet.

Die Bilder sehen sehr alt aus.

»Man muss sie ausschneiden und etwas Klebe darauf machen. Dann halten sie richtig gut«, erklärt Lucy.

Mia hört Sophie im Wohnzimmer mit Papa reden und schiebt ihre Freundin zur Treppe.

Sie hat Lucy noch immer nicht gebeichtet, dass Papa und Frau Biber jetzt ein Liebespaar sind. Und damit Lucy nicht merkt, dass ihre Lehrerin jetzt bei ihr wohnt, hat sie sich mit Lucy nur noch auf dem Spielplatz verabredet.

»Lucy hat Oblaten zum Basteln mitgebracht. Wir gehen nach oben in mein Zimmer«, ruft Mia in Richtung Wohnzimmer und zieht Lucy geschwind die Treppe hoch.

Papa kommt aus dem Wohnzimmer, bevor sie den oberen Treppenabsatz erreicht haben. »Seit wann versteckst du deine Freunde?«, fragt er beleidigt.

Mia bleibt stehen. »Ich verstecke Lucy nicht vor dir.«

Und das ist auch nicht gelogen.

Sie versteckt Lucy nicht vor Papa.

Sie versteckt Sophie vor Lucy.

Doch bevor Papa sie gehen lässt, kommt Sophie neugierig in den Flur. »Hallo Lucy!«, sagt sie lächelnd.

»Guten Tag, Frau Biber!«, sagt Lucy überrascht und deutet brav einen Knicks an.
Peinliche Stille legt sich über das Treppenhaus.
Mia räuspert sich. »Wir gehen dann mal in mein Zimmer.«
»Ist gut. Viel Spaß ihr zwei«, ruft Papa ihnen hinterher, während er seinen Arm um Sophies Schultern legt.
Lucy bläst die Backen auf und macht große Augen.
Dann folgt sie Mia in ihr Zimmer.
Mia wirft schnaufend die Tür zu und lächelt Lucy gequält an. Sie ahnt bereits, dass ihre Freundin nun Fragen stellen wird.
Lucy stellt ihre Tasche auf Mias Schreibtisch und stemmt dann die Hände in die Hüften. »Ich dachte, wir sind beste Freundinnen«, sagt sie entrüstet.
»Das sind wir doch auch«, bekräftigt Mia, doch Lucy schaut sie immer noch streng an. »Und ich dachte, wir erzählen uns alles. Und wenn ich ›alles‹ sage, meine ich auch ›alles‹.«
Mia sieht, dass Lucy wütend ist und ihr klopft das Herz vor Aufregung bis zum Hals.
Mit hochrotem Kopf lässt sich Mia schließlich auf den Boden plumpsen. »Es tut mir leid! Ich wusste einfach nicht, wie ich es dir sagen soll.«
Lucy setzt sich zu Mia und sagt: »Erzähl schon! Wird Frau Biber jetzt deine neue Mama?«
Nachdenklich kaut Mia auf ihrer Unterlippe herum.
Das ist eine Frage, vor der sie sich insgeheim fürchtet.
Kann man eine Mama einfach so ersetzen?

Austauschen wie ein altes Paar Schuhe?
Da käme sie sich vor wie eine Verräterin.
»Sag bloß, daran hast du noch nicht gedacht?«, fragt Lucy verwundert.
Mia zuckt mit den Schultern. »Nee. Doch. Irgendwie schon. Meinst du, ich muss sie dann in der Schule ›*Mama*‹ nennen?« Mias Wangen werden plötzlich ganz heiß. Sie kann Sophie doch nicht mit ›*Mama*‹ ansprechen. Eher würde sie in ein Mauseloch kriechen.
Jäh beschleicht Mia ein schrecklicher Gedanke. »Meinst du, ich muss jetzt die Schule wechseln?«
Erschrocken schauen sich Mia und Lucy an.
Schließlich sagt Lucy: »Vielleicht muss Frau Biber die Schule wechseln.«
Gedankenverloren spielt Mia mit einem Buntstift.
Dann sagt sie leise: »Sophie…ich meine, Frau Biber soll gar nicht weggehen. Sie ist so eine tolle Lehrerin. Außerdem werden dann alle Kinder auf mich wütend sein.«
»Warum auf dich?«, fragt Lucy erstaunt.
Mia zuckt mit den Schultern und denkt nach. »Weil sich mein Papa in unsere Klassenlehrerin verliebt hat und Sophie jetzt hier bei Papa und mir wohnt.«
Lucy packt schweigend ihre Basteltasche aus. Dann sagt sie: »Das glaube ich nicht. Bärenklau ist ein Nest, sagt mein Papa immer. Hier spricht sich alles in Lichtgeschwindigkeit herum. Bestimmt wissen schon alle Leute Bescheid. Und bestimmt darf Frau Biber unsere Klassenlehrerin bleiben.«
Auf Mias Brust legt sich ein schwerer Stein.

Sie fühlt sich hundsmiserabel.

Mutter und Tochter dürfen sicherlich nicht in einer Klasse sein, auch wenn Sophie nicht ihre echte Mutter, sondern ihre Stiefmutter ist. Darum wird Frau Schmidt, die Schulleiterin, sicherlich verlangen, dass Mia die Klasse wechselt. Dabei hat sie doch all ihre Freunde in der Klasse 2b.

Die Kinder aus der Nachbarklasse sind irgendwie komisch. Und wenn sie in die Parallelklasse gehen muss, findet sie bestimmt keine Freunde. Und Lucy sieht sie nur noch in den Pausen.

Vielleicht ist es doch keine so gute Idee, wenn Sophie und Benjamin hier wohnen, denkt Mia und steht entschlossen auf. »Ich komme gleich wieder.«

Mama hat immer gesagt, unangenehme Dinge soll man gleich aus der Welt schaffen, bevor sie so groß werden, dass sie einen erdrücken.

Also geht Mia nach unten ins Wohnzimmer, um mit Sophie zu reden.

Sie kann unmöglich die Klasse wechseln.

Papa sitzt mit Sophie auf dem Sofa und spielt Karten.

Mia lächelt für einen kurzen Augenblick.

Papa hat schon immer gerne Gesellschaftsspiele gespielt.

Bloß Mama nicht.

Das war auch ein Grund, weshalb sie sich so oft gestritten haben.

Zögernd nähert sich Mia den beiden, dann sprudelt der Satz einfach aus ihr heraus: »Du musst wieder ausziehen, Sophie! Sonst muss ich die Klasse wechseln.« Kaum hat Mia zu Ende gesprochen, flitzt sie auch schon aus dem

Raum, die Treppe hinauf in ihr Zimmer und lässt zwei verdatterte Erwachsene zurück.

Vollkommen außer Atem lehnt sie sich gegen ihre Zimmertür und hofft, dass sie jetzt keinen Ärger bekommt.

Nach wenigen Minuten sind Schritte auf der Treppe zu hören.

Mias Herz schlägt ganz schnell vor Angst.

Schnell setzt sich Mia zu Lucy auf die kleine Bank vor dem Fenster.

Kurz darauf klopft es.

»Mia, darf ich hereinkommen?«, hören sie Sophies Stimme.

Lucy und Mia sehen sich an.

Lucy rutscht dichter an Mia heran und legt ihr schützend den Arm um die Schulter.

»Ja«, krächzt Mia unsicher.

Bestimmt wird Sophie jetzt mit ihr schimpfen.

Quietschend öffnet Sophie die Tür. »Darf ich mich zu euch setzen?«, fragt sie leise.

Mia nickt schweigend, während sich Sophie auf den kleinen Kinderstuhl an den Tisch setzt.

»Du hast gerade gesagt, dass du die Klasse nicht wechseln möchtest. Das kann ich sehr gut verstehen. Und über dieses Problem habe ich auch schon mit deinem Papa gesprochen.«

Staunend schaut Mia erst Sophie, dann Lucy an.

»Wir werden nach einer Lösung suchen. Auf jeden Fall bleibst du aber in der Klasse. Und du brauchst mich auch nicht ›*Mama*‹ nennen. Du hast ja bereits eine Mutter.«

Erleichtert pustet Mia so viel Luft durch ihre vorderste Zahnlücke, dass Sophie grinsen muss. »In der Schule weiß nur Frau Schmidt, dass ich mit deinem Papa zusammen bin. Und du kannst mich in der Schule weiterhin ›*Frau Biber*‹ nennen. Ich werde nächste Woche mit Frau Schmidt besprechen, was wir tun werden.«

»Müssen Sie dann die Klasse verlassen?«, fragt Lucy ängstlich.

Sophie schmunzelt. Dann sagt sie mit ernster Miene: »Ehrlich gesagt, weiß ich das nicht. Dieses Schuljahr bestimmt nicht. Ich muss euch keine Noten geben und niemand wird sich benachteiligt fühlen. Hoffe ich. Und nächstes Schuljahr sehen wir weiter.«

»Eigentlich finde ich es ganz cool, dass Sie jetzt bei Mia wohnen«, sagt Lucy. »Wenn ich die Hausaufgaben nämlich nicht kann, komme ich einfach hierher und mache sie zusammen mit Mia. Und wenn Mia die auch nicht kann, dann sind Sie ja da.«

»Wenn ihr beide die Hausaufgaben nicht könnt, habe ich etwas falsch gemacht«, sagt Sophie lachend. »Alles, was ihr zuhause üben sollt, haben wir im Unterricht besprochen.« Sie beugt sich über den Tisch und fragt: »Sind das Oblaten? Die sind ja schön! Wo gibt es denn so etwas heute noch zu kaufen?«

»Die kann man nicht kaufen. Die hat mir meine Mutter geschenkt. Sie sind schon ganz alt«, sagt Lucy mit stolzgeschwellter Brust.

»Sie sind wirklich hübsch. Und was bastelt ihr damit?«, fragt Sophie neugierig.

»Windlichter und Laternen«, antworten Lucy und Mia wie aus einem Munde.

Alle drei lachen, dann wird Sophie plötzlich ernst und sagt: »Früher habe ich mit Benjamin auch jedes Jahr eine Laterne gebastelt. Er war ganz wild aufs Laternelaufen. Jetzt hat er keine Lust mehr dazu.«

»Ihr Sohn geht ja auch schon in die vierte Klasse«, sagt Lucy naseweis und schiebt ihre zarte Brille auf die Nase zurück.

»Wahrscheinlich hast du Recht und mit zehn hat man keine Lust mehr dazu«, antwortet Sophie seufzend.

»Benjamin hat zu gar nichts Lust«, sagt Mia schulterzuckend und hält sich gleich darauf erschrocken die Hand vor den Mund.

Unsicher schielt sie zu Sophie.

»Mein Bruder Tim ist auch zehn«, sagt Lucy. »Aber er ist ziemlich cool. Er macht alles mit mir. Wir spielen zusammen, gehen schwimmen und sogar zum Reiten ist er neulich mitgekommen. Da hat er sich sogar auf eines der Ponys gesetzt. Das hat ziemlich viel Spaß gemacht.« Lucy lächelt verträumt. Dann fällt ihr etwas ein. »Als ich kam, saß Benjamin gerade draußen auf der Schaukel und hat auf seinem Handy gespielt.«

Sophie verzieht das Gesicht.

Sie ist nicht sehr erfreut darüber, dass ihr Sohn so viel alleine ist und ständig an dem Ding spielt.

Lucy hebt tadelnd den Zeigefinger hoch. »Meine Mama sagt immer, Handy- und Computerspiele verderben den Charakter. Darum kauft sie uns auch keine Handys. Sie

will nicht, dass wir aufhören, richtig miteinander zu spielen.«
Sophie steht auf und geht ans Fenster.
Sie schaut hinaus und seufzt traurig. »Benjamins Vater hat ihm das Ding gekauft. Ich halte auch nichts von solchen Spielkonsolen. Andererseits leben wir in einem Zeitalter, in dem Medien wie Handy, Tablet, Computer und Spielkonsolen so beliebt sind, dass niemand mehr darauf verzichten will. Und ganz schnell ist man von den Dingern abhängig.«
Lucy denkt nach. »Zuerst fanden wir das ganz schön blöd, dass unsere Eltern uns keine Handy- und Computerspiele erlauben. Jeder hat doch heutzutage eine Playstation oder ein Handy, nur wir nicht. Aber dann haben wir eine riesige Kiste mit Bausteinen bekommen und seitdem bauen wir um die Wette.«
Mia drückt ihre Freundin ganz fest an sich. »Ich habe auch kein Handy oder Computer zum Zocken. Wir brauchen solche doofen Dinger nicht. Das ist was für Alleingänger!«
Mia und Lucy lächeln sich an.
Sie sind wirklich richtig gute Freundinnen.
Nachdenklich geht Sophie zur Zimmertür. »Deine Mama ist eine kluge Frau, Lucy. Ich denke, sie hat Recht, auch wenn ich befürchte, dass es nicht mehr zeitgemäß ist, Handys zu verbieten. Die jetzige Generation wächst mit dieser Technik auf. Ich sollte meinem Sohn das Ding aber zumindest zeitweise wegnehmen. Vielleicht hat er dann

wieder Lust, etwas mit uns zu machen.« Sie schlüpft aus dem Zimmer.

Dann steckt sie ihren Kopf noch einmal zur Tür herein und sagt: »Viel Spaß beim Basteln.«

Kaum ist Sophie draußen, steht Lucy auf und geht zum Fenster.

Neugierig starrt sie in den Garten.

Dann winkt sie Mia aufgeregt heran. »Sieh nur, Frau Biber nimmt Benjamin das Handy weg.«

Lucy beugt sich nach vorne und lauscht angestrengt.

»Gib mir sofort das Handy wieder her!«, ruft Benjamin außer sich. »Das hat Papa mir geschenkt.«

Was Sophie jetzt sagt, können sie nicht verstehen.

»Jetzt springt er auf und tanzt herum wie Rumpelstilzchen«, kichert Lucy.

Tatsächlich! Wie ein wild gewordener Affe brüllt Benjamin seine Mutter an: »Bei Papa ist alles besser!«

Verärgert dreht sich Sophie zu Benjamin um und ruft: »Dann geh doch zu deinem Vater!«

Entsetzt sehen sich Mia und Lucy an.

»Ich wusste gar nicht, dass Frau Biber so laut schimpfen kann«, haucht Lucy ehrfürchtig. »Aber er hat's auch wirklich verdient. Der ist so gemein zu ihr«, sagt Lucy und Mia nickt.

Böse Zungen

Ein paar Abende später sitzt Papa auf Mias Bett und lässt sich erzählen, was Mia heute erlebt hat.
Es ist Mittwoch und Mia war mit Oma im Zoo. »Fridolin ist jedes Mal ganz traurig, wenn ich nach Hause gehe. Karl sagt, Fridolin hätte es am liebsten, wenn ich mit in seine Höhle ziehe. Aber Oma wollte mich nicht da lassen.«
Papa lacht und sagt: »Da bin ich aber froh. Du gehörst doch zu uns. Außerdem passt du gar nicht in die Pinguinhöhle. Du bist viel zu groß.«
Jetzt muss auch Mia lachen. »Nein«, sagt sie, »da passe ich wirklich nicht hinein.«
»Wie findest du es denn, dass Sophie und Benjamin bei uns wohnen?«, fragt Papa plötzlich.
Mia hört auf zu lachen. »Warum willst du das wissen?«, fragt sie verwundert.
Papa streichelt Mia über die Wange und sagt: »Es interessiert mich, wie du dich fühlst, nachdem die beiden schon drei Wochen bei uns wohnen.«
Mia legt ihren Kopf nachdenklich auf die Seite. »Hm«, sagt sie, »Sophie ist nett. Ich mag sie wirklich. Aber Benjamin ist doof. Den würde ich am liebsten in den Keller sperren.«
»Mia«, ruft Papa entsetzt aus, »der Keller ist doch keine Lösung.« Er atmet tief ein, dann sagt er: »Benjamin ist zwar schwierig, aber ich glaube, das liegt daran, dass er

seinen Vater vermisst. Er ist nicht wütend auf uns. Er ist wütend auf seinen Vater. Und er ist verletzt, weil sich seine Eltern getrennt haben.«

»Ich vermisse Mama auch«, sagt Mia traurig. »Und ich bin auch wütend auf Mama, weil sie einfach weggegangen ist. Aber darum brülle ich nicht jeden an, dem ich begegne.«

Papa nimmt sie in den Arm. »Weil du so ein kluges Mädchen bist. Ich bin sicher, du fehlst Mama auch.«

»Und warum meldet sie sich dann nie bei uns?«, fragt Mia fast ein wenig verärgert.

Papa zuckt mit den Schultern. »Ich schätze, sie hat ein schlechtes Gewissen. Und sie weiß bestimmt, dass du wütend auf sie bist. Darum traut sie sich nicht, sich bei dir zu melden.«

»Ich finde, sie könnte wenigstens mal eine Karte schreiben«, sagt Mia und schaut Papa mit großen Augen an.

Papa nickt seufzend. »Ja«, sagt er, »da hast du Recht. Aber das muss deine Mutter ganz alleine entscheiden. Da kann ich ihr nicht hineinreden.« Er deckt Mia zu und gibt ihr einen Gutenachtkuss.

Mia schließt die Augen und ist gleich darauf eingeschlafen.

***

Am nächsten Morgen geht Mia vergnügt zur Schule.

Noch während sie ihre Jacke im Flur auszieht, bemerkt sie die doofen Blicke der anderen Kinder.

Sogar ihr Freund Lucas geht schweigend weg, als Mia ihm einen ›*guten Morgen*‹ wünscht.
Verwirrt setzt sich Mia auf ihren Platz.
»So eine blöde Kuh«, hört sie Michael sagen. »Die will doch nur bessere Noten haben als wir.«
»Genau. Mein Vater hat gesagt, nur Idioten verknallen sich in die Lehrerin ihrer Tochter«, flüstert Thomas.
Mia spürt, wie ihr Gesicht heiß wird.
Fang jetzt bloß nicht an zu heulen, redet sie sich selbst Mut zu.
Wo bleibt nur ihre Freundin?

Linda und Lucas tuscheln miteinander und werfen Mia böse Blicke zu.
Und obwohl keiner direkt mit ihr spricht, weiß sie, dass es um Frau Biber und ihren Papa geht.
Sogar Erik, der sonst sehr ruhig ist, lässt sich von dem Getuschel anstecken und sagt so laut, dass Mia es hören muss: »Mein Vater hat ja schon vor ein paar Wochen gesagt, dass er Frau Biber zusammen mit Mias Vater gesehen hat, aber meine Mutter meinte, dass er sich das bestimmt nur eingebildet hat.«

Franz winkt ab: »Meine Eltern haben sich auch neulich darüber unterhalten. Aber als ich nachgefragt habe, haben sie mich weggeschickt.«

»Mia ist so eine blöde Kuh«, schimpft Merle, »meine Eltern sagen, dass Frau Biber jetzt die Schule verlassen muss.«

Mia kann die Tränen nicht mehr lange zurückhalten und macht sich so klein wie möglich auf ihrem Stuhl. Immer wieder schaut sie zur Tür.

Dann endlich kommt Lucy in die Klasse.

Vollkommen abgehetzt lässt sie sich neben Mia nieder.

»Das war gerade noch rechtzeitig. Ich habe Frau Biber schon auf dem Flur getroffen. Hallo, Mia!«

»Hallo«, sagt Mia leise. Ihre Stimmbänder wollen gar nicht funktionieren und so krächzt sie wie ein Frosch.

Lucy holt ihre Sachen aus dem Ranzen und erzählt Mia eilig vom Wochenende, aber Mia sitzt nur da und bemüht sich, nicht loszuheulen.

»Du hörst mir ja gar nicht zu«, beschwert sich Lucy leise, weil Mia nicht auf ihre Frage reagiert hat.

Mia will antworten, doch Sophie Biber begrüßt bereits die Klasse. »Guten Morgen, liebe Kinder!«

»Guten Morgen, Frau Biber«, antwortet die Klasse 2b.

Thomas meldet sich mit ernster Miene.

»Ja, Thomas, was hast du auf dem Herzen?«, fragt Sophie Biber lächelnd, während sie ihre Tasche auspackt.

»Stimmt es, dass Mia jetzt bessere Noten bekommt, weil Sie Ihre neue Mutter sind?«, fragt Thomas.

Es ist Totenstille.

Mia wagt nicht zu atmen.

Sophie Biber öffnet den Mund und klappt ihn wieder zu. Ihre Augen wandern zu Mia, die den Tränen nahe ist.

Dann holt die Lehrerin tief Luft und sagt: »Nein, Thomas, das stimmt nicht. Wie kommst du denn auf so einen Blödsinn?«

»Mein Vater sagt, dass Sie jetzt nicht mehr gerecht sein können, weil Sie mit Mias Vater zusammen sind und sogar schon da wohnen«, antwortet Thomas.

Nun kann Mia die Tränen nicht mehr zurückhalten.

Sie schlägt die Hände vors Gesicht und rennt weinend aus dem Klassenzimmer.

»Lucy, du fängst an, im Deutschbuch auf Seite zwanzig den Text vorzulesen. Ich bin gleich wieder da. Alle bleiben auf ihren Plätzen!« Sophie Biber eilt aus dem Klassenzimmer und sucht den Flur ab, doch Mia ist nirgends zu sehen.

Dann läuft sie zu den Toiletten.

Dort vernimmt sie hinter einer der Kabinentüren ein leises Schluchzen.

Zaghaft klopft sie an die Holztür. »Mia, bist du da drin?«

Sophie Biber hört ein lautes Schniefen.

Schließlich wird die Tür geöffnet.

Mit hängenden Schultern steht Mia vor ihrer Lehrerin, die jetzt Papas Freundin ist und von der alle sagen, sie sei ihre neue Mama.

Sophie geht vor Mia in die Hocke und nimmt Mias kleine Hände in ihre großen Hände. »Lass uns in die Klasse zurückgehen und mit den anderen Kindern reden«, schlägt

sie vor, doch Mia schüttelt den Kopf. »Ich gehe da nicht rein. Nie wieder! Die sind alle so gemein zu mir.«
Mia fängt erneut an zu weinen.
Die Tränen laufen und laufen und wollen gar nicht mehr aufhören zu laufen.
Ebenso Mias Nase.
Sophie holt ein Taschentuch aus ihrer Jackentasche und reicht es Mia. »Soll ich deinen Papa anrufen, damit er dich abholt?«
Mia nickt, während sie sich die Nase putzt.
Seufzend steht Sophie auf. »Okay. Aber morgen setzen wir uns alle zusammen und reden darüber.«

***

Eine halbe Stunde später sitzt Mia mit hochrotem Kopf in Papas Auto.

Schweigend starrt sie aus dem Fenster.
Mia weiß, dass Papa nicht gerne bei der Arbeit gestört wird, aber er sieht nicht verärgert aus, weil er sie so früh am Morgen abholen musste.
Zuhause kocht Papa ihr einen Kakao und richtet ihr ein Kuschellager auf dem Sofa ein.

Er mummelt Mia in drei Wolldecken, stellt ihr Salzgebäck vor die Nase und macht eine Hörspielgeschichte an.
Nach einiger Zeit klingelt es an der Haustür.
Papa geht hin und kommt mit Oma wieder.
»Hallo, meine kleine Mia«, begrüßt Oma sie und gibt ihr einen dicken Kuss auf die Wange.
Mia lächelt schwach.
Sie fühlt sich ganz krank. »Ich gehe nie wieder zur Schule«, sagt sie entschlossen. »Die Kinder waren so gemein zu mir.«
Papa seufzt. Ratlos schaut er seine Mutter an und lässt sich dann auf einen Sessel plumpsen.
Oma setzt sich zu Mia und nimmt ihre Hand. »Ach, meine kleine Mia, ich wünschte das Leben wäre immer einfach. Aber leider liegen auf unseren Wegen jede Menge Steine, die wir beiseite räumen müssen, und das am besten mit einem Lächeln. Manche Steine sind so groß, dass wir darüber klettern müssen und ganz selten müssen wir sogar dornigen Pflanzen ausweichen«, sagt sie lächelnd. »Und wenn wir stolpern, müssen wir aufstehen und weiterlaufen. So, wie es die kleinen Kinder tun. Wenn der Mensch schon beim ersten Sturz aufgeben würde, könnte keiner von uns laufen und die Menschheit wäre längst ausgestorben.«
Verwundert schaut Mia zu Oma und fragt: »Wie meinst du das, Oma?«
Oma lächelt. »Nun, es gibt ganz viele verschiedene Menschen auf unserer Erde. Und weil wir alle so verschieden sind, gibt es leider nicht nur Frieden unter den Menschen.

Menschen streiten und versöhnen sich wieder. Und weil Kinder sagen, was sie denken, können sie andere sehr schnell verletzen. Ich bin sicher, dass Thomas und Michael nur das nachplappern, was ihre Eltern sagen, ohne darüber nachzudenken, wie sehr sie dir damit wehtun.«

Mia streichelt über Omas faltige Hand. »Dann kann so ein großer Stein ein Streit sein, den man hinter sich bringen muss?«, fragt sie nachdenklich.

Oma nickt und sagt: »Genau, Mia. Der Stein kann zum Beispiel ein Streit sein, manchmal auch eine schwierige Aufgabe, die dich viel Mut und Kraft kostet. Aber du bist stark genug, um darüber hinweg zu klettern. Das weiß ich. Was meinst du, wie viele Steine schon in meinem Weg lagen. Das Leben ist leider nicht immer schön, sondern stellt uns so manches Mal vor große Herausforderungen.«

Aufgeregt rutscht Mia auf dem Sofa herum und sagt: »Und die dornigen Pflanzen? Sind das Menschen, die andere ärgern? So wie Thomas und Michael aus meiner Klasse?«

Wieder nickt Oma und sagt: »Ja, das ist eine Möglichkeit. Und morgen gehst du wieder in die Schule und läufst an den Dornen vorbei, damit sie dich nicht mehr piksen können. Lass es nicht zu, dass die Kinder dich verletzen. Dein Papa hat sich in Sophie verliebt. Das passiert. Liebe ist etwas ganz Wunderbares. Es ist ein Geschenk, wenn sich zwei Menschen ineinander verlieben und ihren Weg ein Stück weit gemeinsam gehen.«

Mia nickt.

Jetzt geht es ihr schon viel besser.

Die Vorstellung, dass Thomas und Michael blöde Dornenpflanzen sind, denen sie ausweichen kann, gefällt ihr.
Papa schaut Mia grübelnd an.
Dann sagt er: »Was hältst du davon, wenn du heute *ausnahmsweise* mit Oma zu Fridolin fährst? Du erzählst ihm von deinen Sorgen und heute Abend koche ich dein Lieblingsgericht. Spaghetti mit Tomatensoße.«
Mias Augen leuchten vor Freude. »Oh ja, Papa! Das ist eine prima Idee. Und morgen gehe ich zur Schule und zeige den doofen Jungs, dass sie mich nicht mehr piksen können.«
Papa steht auf und umarmt Mia. »Das ist meine Mia«, sagt er stolz und küsst ihr aufs Haar.

Wo ist Fridolin?

Aufgeregt hüpft Mia aus dem Auto und schnappt sich die Tüte mit den frischen Fischen, die sie zusammen mit Oma im Fischladen gekauft hat.
Bald ist Weihnachten und sie hat darauf bestanden, Fridolin unbedingt ein Geschenk vorbeizubringen.
Als sie bei den Pinguinen ankommen, herrscht dort große Aufregung.
Der Zoodirektor und fünf Tierpfleger stehen versammelt vor der schweren Tür zum Pinguingehege.
Karl, der Mia als erster erblickt, löst sich aus der Menge und schiebt sie etwas zur Seite. »Mia, heute kannst du Fridolin leider nicht besuchen.«
»Ist etwas passiert?«, fragt Mias Oma.
Karl schaut nachdenklich zu Boden und scheint nach Worten zu suchen.

Schließlich nickt er. »Ja, Frau Maibaum. Fridolin ist ausgebückst.«
Mit großen Augen schaut Mia den Tierpfleger an. »Fridolin ist weg?«
Ihr Herz schlägt ganz schnell.
»Das ist ja eine schöne Bescherung«, sagt Oma erschrocken.
»Aber Sie werden ihn doch wiederfinden, oder?«
Karl zuckt mit den Schultern. »So etwas ist uns noch nie passiert. Wir werden ihn jetzt suchen. Ich hoffe nur, dass

er das Zoogelände nicht verlassen hat. So ein kleiner Pinguin kann schnell mal unter die Räder kommen.«

»Wir suchen mit«, sagt Mia entschlossen.

Fridolin ist ihr Freund und Freunde lässt man nicht im Stich.

Karl zögert, doch Mia bleibt hartnäckig.

Nichts und niemand wird sie davon abbringen, nach ihrem Freund zu suchen.

Also teilt der Zoodirektor auch Mia und ihre Oma im Team Nummer Sechs ein und erklärt ihnen, wo sie suchen sollen.

Dann setzen sich alle in Bewegung.

Mia und Oma gehen den Weg zu den Bären hinunter und gucken hinter jeden Busch und in jede Mülltonne.

Mia glaubt zwar nicht, dass Fridolin in den Müll gehopst ist, aber man kann ja nie wissen, wo sich so ein kleiner Pinguin überall verstecken kann.

Sie gehen am Bärengehege vorbei, doch Mia hat keinen Blick übrig für den pelzigen Gefährten, der mit gemächlichen Schritten über den Boden tappst und sie neugierig mustert.

»Fridolin! Friii-dooo-liiin!«, ruft Mia ganz laut.

Ein paar Leute drehen sich verwundert um. »Hast du deinen Bruder verloren?«, fragt eine ältere Dame freundlich.

Mia schüttelt den Kopf. »Nein. Fridolin ist ein Pinguin.«

Die Frau guckt ganz erstaunt. »Ein Pinguin? Aber die sind doch hinten bei den Eisbären und Robben.«

»Da gehört er zumindest hin«, sagt Mias Oma, »aber der kleine Racker ist heute Morgen ausgebückst.«

»Ein entlaufener Pinguin? Oh Wolfgang, lass uns dem kleinen Mädchen helfen und den Pinguin suchen«, sagt die Dame zu ihrem Mann.

Dieser wischt sich über die Glatze und stöhnt. »Ja, glaubst du denn, wir finden den kleinen Kerl, Martha? Der kann doch überall sein.«

Die Frau lässt sich nicht beirren und zieht ihren Mann hinter sich her, während sie hinter jedem Busch nachschaut.

Mias Oma schiebt Mia schnell weiter. »Komm, wir dürfen keine Zeit verlieren!«

Eilig laufen sie an den Antilopen und Zebras vorbei und kommen zum Vogelhaus.

»Oma, meinst du, Fridolin besucht die Papageien?«

Bevor Oma antworten kann, ist Mia auch schon im Vogelhaus verschwunden.

Doch so sehr sie auch sucht, sie kann Fridolin nirgends entdecken.

Nach einer Stunde kommen sie zum Affenhaus, wo bereits die anderen Suchtrupps warten.

Erwartungsvoll schaut der Zoodirektor sie an. »Hallo Mia, wie ich sehe, habt ihr auch kein Glück gehabt.«

Traurig schüttelt Mia den Kopf. »Nein, Herr Adler, wir haben sogar in die Mülltonnen geguckt.«

Plötzlich klingelt Omas Telefon.

Sie entschuldigt sich und wühlt in ihrer Handtasche herum, bis sie es endlich gefunden hat. »Ja, hallo?« Sie lauscht in den Hörer. »Tom? Warte…warte…nicht so

schnell. Ja, das habe ich verstanden. In Ordnung, Tom.«
Oma drückt auf einen Knopf und lächelt.
Dann streichelt sie Mia über den Kopf. »Ich glaube, Fridolin hatte Sehnsucht nach seiner jungen Freundin.«
Überrascht starrt Herr Adler Mias Oma an, die lachend ihr Handy in der Handtasche verstaut. »Das war gerade mein Sohn. Er rief von zuhause an. Und nun rate mal, Mia, wen Papa gerade im Garten entdeckt hat!«
Mia ist so erschöpft von der aufregenden Suche, dass ihr Kopf ganz leer ist.
Wer soll denn in ihrem Garten sein?
Lucy vielleicht?
Oder einer ihrer Mitschüler?
Oma reicht Mia eine Flasche Multivitaminsaft und streichelt ihr über die Haare. »Fridolin.«
Der Zoodirektor pfeift erleichtert durch die Zähne. »Herr im Himmel, bin ich erleichtert. Und wo wohnen Sie?«
»In Bärenklau.« Oma erklärt Herrn Adler, dass sie etwa eine Viertelstunde mit dem Auto dorthin fahren müssen.
»Und Sie wohnen direkt am Fluss?« Herr Adler kratzt sich die Stirn. »Dann ist der Bursche über den Fluss geflohen.«
»Karl«, ruft er dem Tierpfleger zu, der sich gerade mit einer Tierpflegerin unterhalten hat, »dein Pinguin ist doch tatsächlich durch den Fluss entwischt. Er sitzt jetzt in Bärenklau im Garten seiner jungen Freundin und hat vermutlich riesigen Hunger.«
Der Tierpfleger atmet erleichtert aus. »Gott sei Dank ist ihm nichts passiert. Da ist er aber weit geschwommen.«

Mia hält ihre Tüte mit den Fischen hoch. Die hat sie in der Aufregung total vergessen. »Ich habe Fische für Fridolin mitgebracht. Ein Weihnachtsgeschenk«, sagt sie.

Sie ist unendlich froh, dass Fridolin wieder aufgetaucht ist.

»Ich hoffe, Ihr Sohn hält Fridolin irgendwie fest, Frau Maibaum«, sagt Karl. »Nicht, dass der Junge wieder in den Fluss springt und ihm dann doch noch etwas passiert.«

»Soll ich meinen Sohn noch einmal anrufen und ihn bitten, dass er Fridolin mit ins Haus nimmt?«

Karl und der Zoodirektor nicken, auch wenn es nicht üblich ist, dass ein Zootier einen Hausbesuch macht.

Mias Oma angelt nach ihrem Telefon und ruft Mias Papa an.

Der verspricht, dass er den kleinen Pinguin über die Terrasse ins Haus und in Mias Zimmer lockt.

»Ich habe sogar noch etwas Fisch im Kühlschrank«, hört Mia ihren Papa durchs Telefon sagen.

»Gut, Tom, dann füttere ihn und versuche, ihn in Mias Zimmer festzuhalten. Wir fahren sofort los!«

»Karl, du nimmst das Zooauto und fährst Frau Maibaum bitte hinterher! Der Ausreißer muss ja irgendwie wieder zurückkommen«, sagt Herr Adler.

Karl nickt und eilt mit Mia und Frau Maibaum zum Hauptgebäude, wo auch die Autos vom Zoo stehen.

Dort holt Karl noch eine Kiste und eine Decke. Dann fährt er die beiden zum Zooparkplatz, wo Mias Oma mit Mia das Auto wechselt und vorausfährt.

Nach einer Viertelstunde, die Mia wie eine Ewigkeit vorkommt, kommen sie endlich zuhause an.

Papa steht schon aufgeregt am Fenster und winkt den drei Ankömmlingen zu.

Sophie öffnet ihnen die Haustür und im Affentempo hat Mia ihre Schuhe von sich geworfen und läuft auch schon die Treppe in den ersten Stock hinauf.

Atemlos stürmt sie in ihr Zimmer, wo Papa am Fenster steht und bereits auf sie wartet.

Schweigend zeigt er auf ihr Bett.

Dort sitzt Fridolin auf einem dicken Handtuch und fängt ganz aufgeregt an zu hüpfen und zu tröten, als er seine kleine Freundin entdeckt.

Mia lässt sich auf die Knie fallen und umarmt den Pinguin, der sich überglücklich in ihre Halsgrube drückt und mit dem Schnabel an ihren Haaren zupft.

»Fridolin, oh mein Fridolin! Ich habe mir solche Sorgen um dich gemacht. Nie wieder darfst du einfach so abhauen, hörst du?« Streng schaut Mia den kleinen Kerl an.

Diesem gefällt es gar nicht, dass Mia die Umarmung gelöst hat.

Sofort hüpft er auf sie zu und rutscht auch schon vom Bett herunter.

Mit einem Satz landet er auf ihrem Schoss und drückt sich ganz fest gegen ihren Oberkörper.

Karl und Oma, die mittlerweile oben angekommen sind, beobachten die beiden gerührt.

Karl wischt sich eine Träne aus dem Auge. »Gott, die beiden sind so rührend miteinander! Es ist ein Jammer, dass Mia keine Pinguindame ist.«

»Zum Glück«, ruft Mias Oma lachend, »sonst würde sie uns hier ganz schön fehlen.«

Mia holt ihr Weihnachtsgeschenk aus der Tüte und füttert Fridolin, der die kleinen Fische mit einem freudigen Glucksen herunterschluckt.

Als Mia ihren Freund fertig gefüttert hat, steht sie auf und setzt sich mit Fridolin auf das Handtuch.

Liebevoll streichelt sie über seinen Rücken. »Woher wusstest du bloß, dass ich hier wohne? Können Pinguine so gut riechen wie Hunde?«

»Wenn du mich gestern gefragt hättest, Mia, hätte ich deine Frage bestimmt verneint. Ich habe noch nie gehört, dass ein Pinguin so einen weiten Weg auf sich genommen hat, um seine Partnerin zu suchen«, antwortet Karl.

Mia lächelt Fridolin ganz verliebt an. »Er ist so süß! Es wäre schrecklich, wenn ihm etwas passiert wäre.« Sie drückt ihr Gesicht in Fridolins Gefieder und hält den kleinen Pinguin ganz fest.

»Ich glaube, Herr Adler und ich müssen nach einer Lösung suchen«, sagt Karl seufzend. »Ich befürchte nämlich, dass der kleine Racker hier nicht das erste Mal ausgebückst sein wird. Wenn wir Pech haben, wird er noch einmal versuchen, seine kleine Freundin zu besuchen.« Besorgt legt Karl einen Finger an die Lippen.

»Fridolin kann doch hier bleiben«, schlägt Mia erfreut vor. Ihre Augen strahlen. »Papa, darf er?«

Mias Papa holt tief Luft und schaut dabei fragend zu Karl. Karl zuckt mit den Schultern. »Hm«, sagt er und blickt schweigend auf den kleinen Pinguin, »ich glaube kaum, dass das geht. Humboldtpinguine stehen auf der roten Liste.«

»Was bedeutet das?«, fragt Mia.

»Auf der roten Liste der gefährdeten Arten stehen alle Tiere, die vom Aussterben bedroht sind«, erklärt Karl. »Und es gibt hohe Anforderungen, die man als Zoo erfüllen muss, wenn man eine gefährdete Tierart hält. Für Privatpersonen ist das Halten dieser Tiere, soweit ich weiß, verboten.«

»Oh nein, das ist ja schrecklich«, ruft Mia und drückt Fridolin gleich noch fester an sich. »Du bist vom Aussterben bedroht? Dann brauchst du ja eine ›echte‹ Pinguindame, damit du ganz viele Babys machen kannst.«

Karl lacht leise. »Da hast du Recht, Mia. Ich befürchte nur, dass Fridolin sein Herz schon verschenkt hat. Er wird sich keine andere Pinguindame mehr suchen. Humboldtpinguine sind sehr treu, weißt du!«

»Und was machen wir jetzt?«, fragt Mias Papa ratlos.

Karl guckt ratlos in die Runde. »Ich schlage vor, dass Mia uns heute noch einmal in den Zoo begleitet, damit wir den kleinen Freund hier überhaupt ins Auto kriegen. Und dann werde ich mit Herrn Adler reden und nach einer Lösung suchen.«

»Da bin ich aber sehr gespannt, wie Sie das Problem lösen wollen, wenn Privatpersonen keine Pinguine halten dürfen«, sagt Mias Papa beim Hinuntergehen zu Karl.

»Ja, ich auch. Man bräuchte zumindest eine Sondergenehmigung. Aber das Halten von Pinguinen ist auch sehr teuer, Herr Maibaum. Unterschätzen Sie das nicht. Sie fressen nur frische Fische und davon ziemlich viele am Tag«, antwortet Karl.

»Das habe ich befürchtet«, sagt Mias Papa und hilft Mia, die Schuhe anzuziehen, denn sie hat den kleinen Fridolin auf dem Arm und würde ihn am liebsten nie wieder hergeben.

Dann folgen sie Karl zum Auto.

Mias Papa fährt hinter den beiden her zum Zoo, wo Herr Adler bereits auf sie wartet.

Weihnachten

»Ich habe niemandem etwas erzählt. Das musst du mir glauben, Mia«, sagt Lucy und schaut ihre Freundin bettelnd an.
Mia seufzt. »Also gut. Ich glaube dir. Aber woher wussten die Jungs, dass Frau Biber die neue Freundin von meinem Papa ist?«
»Das kann ich euch sagen«, mischt sich Lucas in ihr Gespräch ein. Er nippt an seiner Pausenmilch und reicht Mia schließlich die Hand. »Tut mir leid, dass ich so doof zu dir war, Mia.«
Mia zögert, dann ergreift sie Lucas Hand und schüttelt sie kräftig. »Entschuldigung angenommen«, sagt sie fröhlich.
»Michael und Thomas spielen doch Fußball und dort haben deren Eltern deinen Papa mit Frau Biber gesehen«, erklärt Lucas.
»Mein Papa hat gesagt, dass Kinder oft nichts dafür können, wenn sie so doof sind wie Thomas und Michael. Kinder sind die Spiegelbilder ihrer Eltern und plappern alles nach«, sagt Lucy.

»Dann sind Thomas und Michaels Eltern auch Dornengestrüpp«, wirft Mia nachdenklich ein und leert ihre Milch.
»Dornengestrüpp?«, fragt Lucas verwirrt nach.
Mia lächelt ein bisschen, als sie ihm erzählt, was ihre Oma ihr erklärt hat.
»Verstehe«, sagt Lucas, »und weil sie so gemein zu dir waren, sind sie so fies wie Dornen.«
»Genau.« Mia nickt. Dann erzählt sie Lucy und Lucas von Fridolins Ausbruch und der aufregenden Suche nach dem kleinen Pinguin.
»Und was passiert jetzt mit ihm?«, will Lucy wissen.
Mia zuckt mit den Schultern. »Ich weiß es nicht. Es ist sehr teuer, einen Pinguin als Haustier zu halten. Sie essen richtig viel Fisch.«
»Zum Glück wohnen wir recht nah an der Küste«, sagt Lucy lachend. »So kannst du Fridolin immer frischen Fisch kaufen.«
»Ja«, sagt Mia seufzend. »Aber Herr Adler muss erst noch mit ein paar Leuten reden, die dann entscheiden, ob Fridolin im Zoo bleibt oder ob er bei uns wohnen darf.«
»Ein echter Pinguin als Haustier«, staunt Lucy, »das wäre wirklich toll, Mia.«
Mia nickt.
»Ich glaube nicht, dass das klappt«, sagt Lucas.
»Warum nicht?«, fragt Lucy fast ein wenig aufgebracht.
»Pinguine stehen auf der Roten Liste. Sie sind vom Aussterben bedroht. Was meint ihr, wie schnell sie tatsächlich aussterben würden, wenn man sie als Haustier halten dürfte?«

»Wenn die Menschen gut auf sie aufpassen«, überlegt Lucy, doch Lucas schüttelt den Kopf. »Menschen passen aber nicht immer auf«, sagt er. »Es gibt sogar Menschen, die sich heimlich Schimpansen halten und ihnen Alkohol und Zigaretten geben.«
»Wirklich? Das ist ja fies«, ruft Lucy erschrocken.
»Richtig frevelhaft«, sagt Mia.
Es klingelt zur Stunde.
Geschwind rennen sie in ihren Klassenraum zurück.
Frau Biber sitzt bereits auf ihrem Platz und hält einen Stapel Zettel in der Hand.
Als alle sitzen, sagt sie: »Hier habe ich Einladungen zum Elternabend für eure Eltern. Bitte gebt sie zuhause ab und bringt mir den unteren Abschnitt wieder mit.«
Thomas meldet sich.
»Ja, Thomas, was gibt's?«, fragt Frau Biber, während sie die Einladungen verteilt.
Thomas drückt entschlossen die Brust nach vorne und sagt: »Mein Vater hat gesagt, er wird zu keinem Elternabend mehr kommen. Er überlegt, ob er mich auf eine andere Schule schickt.«
Die Lehrerin setzt sich auf ihren Tisch und schaut Thomas traurig an. Dann sagt sie: »Das finde ich sehr schade, Thomas. Du bist ein wichtiges Klassenmitglied. Und ich werde ich mich nicht dafür entschuldigen, dass ich mich in einen wundervollen Mann verliebt habe. Bei niemandem!« Sophie Biber holt tief Luft und fährt fort: »Auf dem Elternabend werde ich mit euren Eltern darüber reden und eine Lösung mitteilen, aber ich werde mein neues

Zuhause nicht verlassen, weil andere Menschen ein Problem damit haben.«

Gebannt starren alle Kinder zu ihrer Lehrerin.

Diese räuspert sich und sagt: »Ich habe mit Frau Schmidt gesprochen und wir haben entschieden, dass ich die Klasse am Ende des Schuljahres abgeben werde.«

Einige Kinder der Klasse 2b schreien entsetzt auf. »Frau Biber, Sie sollen nicht weggehen!«

Andere Kinder lehnen sich selbstzufrieden in ihren Stühlen zurück.

»So ist es richtig«, sagt Thomas wie ein Erwachsener und erntet von der ganzen Klasse böse Blicke.

»Du bist so doof«, platzt Lucy heraus und fängt prompt an zu weinen.

Den Rest der Schulstunde ist nicht mehr an Unterricht zu denken, denn Frau Biber muss viele Tränen trocknen.

***

Ein paar Tage später beginnen bereits die Weihnachtsvorbereitungen.

Sophie und Mia holen die Kerzen aus dem Keller und hängen Weihnachtssterne an die Fenster.

Sie backen zusammen mit Benjamin Kekse und basteln die letzten Weihnachtsgeschenke.

Auch in der Schule sind die Kinder ganz aufgeregt, weil Weihnachten vor der Tür steht.

Die Eltern haben sich nach dem Elternabend beruhigt und einige sind sehr traurig, weil Frau Biber die Klasse verlassen wird.

Mias Papa wollte erst nicht mitgehen zum Elternabend, doch Sophie hat ihn überredet und ein Feigling wollte er nicht sein.

»So eine neue Familie kostet Mut«, hat er geseufzt und Mia ins Bett gebracht, um dann mit Sophie in die Schule zu fahren.

Karl und Herr Adler haben ihnen noch nicht mitgeteilt, was sie mit Fridolin machen wollen.

Weil so ein kleiner Pinguin aber nicht vernünftig ist, ist Fridolin noch ein zweites und ein drittes Mal aus dem Pinguingehege geflüchtet, um seine Freundin zu besuchen.

Nun meinte Herr Adler, dass die Zeit drängen würde und sie nach Weihnachten eine Entscheidung treffen wollen.

Mias Papa hat Benjamin am Wochenende vor Weihnachten zum Weihnachtsfußballturnier in der Turnhalle begleitet.

Benjamin ist noch immer nicht besonders begeistert von seiner neuen Familie, aber er ist ruhiger und friedlicher geworden.

Und dann ist endlich Heiligabend.

Ungeduldig warten Mia und Benjamin in ihren Zimmern auf die Glocke, die im Wohnzimmer klingeln soll, sobald der Weihnachtsmann die Geschenke gebracht hat.

Weil sie es jedoch vor Spannung kaum aushalten, setzen sie sich beide in den Flur an den Treppenabsatz.

»Ich bin so gespannt, was ich dieses Jahr von meinen Eltern kriege«, sagt Benjamin und schaut nervös aus dem Fenster.

Er hat gar nicht gemerkt, dass er von seinen Eltern gesprochen hat und nicht nur von seiner Mutter.

Mia neigt den Kopf zur Seite und rümpft die Nase. »Meine Mutter ist weit weg. Sie hat mir nur eine Karte geschickt. Ich bin gespannt, was mir der Weihnachtsmann bringt.«

»Mann, bist du doof, Mia!«, ruft Benjamin aus. »Es gibt doch gar keinen Weihnachtsmann. Das ist doch alles Blödsinn.«

Mia verzieht beleidigt das Gesicht. »Ich bin überhaupt nicht doof. Du bist doof, weil du den echten Weihnachtsmann nicht kennst.« Entschlossen steht sie auf, obwohl die Glocke noch nicht gebimmelt hat.

Leise schleicht sie die Treppe hinunter und stößt in der Küche prompt mit ihrem Papa zusammen.

»Mia! Was machst du denn hier unten?«, ruft Papa erschrocken aus.

Mia grinst verlegen und sagt schließlich: »Benjamin beschimpft mich, weil ich an den Weihnachtsmann glaube.«

Papa verdreht die Augen.

Im gleichen Augenblick taucht Benjamin im Türrahmen auf. »Es gibt keinen Weihnachtsmann. Du bist echt noch ein Baby, Mia.«

Papa stemmt die Hände in die Hüften und sagt: »Den Weihnachtsmann gibt es sehr wohl, junger Mann! Warst du denn noch nie in Himmelspforten?«

Verblüfft erwidert Benjamin Toms strengen Blick.
Dann schüttelt er den Kopf.
»In Himmelspforten wohnt der Weihnachtsmann«, sagt Mia und Papa zwinkert ihr verschwörerisch zu.
Dann holt er ein Foto aus seiner Tasche und reicht es Benjamin. »Siehst du, Benjamin, hier haben Mia, Mias Mama und ich den Weihnachtsmann besucht. Es gibt ihn tatsächlich.«
Benjamin wirft einen kurzen Blick auf das Foto. Dann fragt er gelangweilt: »Das ist doch ein verkleideter Mann. Wie soll der allen Kindern an einem einzigen Tag Geschenke bringen?«
»Tut er gar nicht«, gibt Mias Papa zu.
»Die Geschenke kommen von den Eltern und Großeltern«, fügt Mia hinzu. »Aber man kann sich trotzdem etwas vom Weihnachtsmann wünschen und wenn man ihm schreibt, bekommt man sogar eine Antwort.«
Sophie betritt die Küche.
Mias Papa legt seinen Arm um ihre Schultern und zieht sie liebevoll an sich. »Und was ist mit dir? Warst du schon einmal beim Weihnachtsmann?«
»Nein«, kichert Sophie.
Benjamin beobachtet die beiden griesgrämig.
Dann dreht er sich mit schmalen Augen zu Mia und fragt: »Und? Hast du letztes Jahr all deine Wünsche erfüllt bekommen?«
Mia zuckt zusammen.
Benjamin kann wirklich gemein sein.

Er weiß doch ganz genau, dass ihre Mutter kurz nach Weihnachten weggegangen ist.

Bevor sie jedoch antworten kann, antwortet Papa: »Ja. Ich denke schon. Mit ein bisschen Verspätung zwar, aber lieber spät als nie, hat meine Oma immer gesagt. Mia, Benjamin, wir haben euch etwas mitzuteilen.«

Gespannt schauen Mia und Benjamin zu Sophie und Mias Papa.

Papa holt tief Luft und sagt: »Es war nicht geplant, aber jetzt freuen wir uns.«

»Wir bekommen ein Baby«, sagen Papa und Sophie schließlich gleichzeitig.

Erleichtert atmen sie aus, als hätten sie einen anstrengenden Wettlauf hinter sich.

Benjamin starrt seine Mutter finster an. »Das ist nicht euer Ernst? Was sollen wir denn mit einem Baby?«

»Wir freuen uns sehr über das Baby. Ab jetzt sind wir eine richtige Patchworkfamilie«, sagt Mias Papa grinsend.

Mia, die sich nach dem ersten Schock erholt hat, springt auf ihren Papa zu und fliegt ihm in die Arme. »Hoffentlich wird es ein Mädchen«, ruft sie und umarmt auch Sophie.

Dann tritt Mia einen Schritt zurück und mustert Sophie. »Man sieht ja noch gar nichts«, stellt sie fest.

Sophie lacht. »Nein. Das Baby kommt auch erst im Sommer. Ein bisschen wirst du dich noch gedulden müssen.«

»Was heißt denn eigentlich Patchworkfamilie?«, fragt Benjamin verlegen.

Mias Papa lächelt. »Patchwork ist Englisch und heißt Flickwerk. Und was das bedeutet, werdet ihr gleich sehen!«
Sophie löst sich aus Papas Umarmung. Sie legt Benjamin einen Arm um die Schultern und sagt: »Komm, lasst uns ins Wohnzimmer gehen! Dort ist es viel gemütlicher.«
Es klingelt an der Tür.
Mia läuft hin und öffnet.
Es sind Oma und Opa mit einem Berg von Geschenken.
Nachdem sich alle begrüßt haben, stolpern Mia und Benjamin aufgeregt ins Wohnzimmer.
Neben dem Kamin steht ein riesiger, bunt geschmückter Tannenbaum mit leuchtenden Kerzen.
Darunter befindet sich ein großer Wassereimer.
»Passt bitte mit den Kerzen auf, Kinder! Die sind echt«, ermahnt Mias Papa die Kinder und geht zum Sofa. »Setzt euch! Wir haben uns überlegt, dass ihr einzeln zum Tannenbaum geht und euch immer ein Geschenk heraussucht. Das packt ihr dann hier am Tisch aus. Dann haben wir nicht so ein unübersichtliches Chaos.«
Mia setzt sich abwartend zu Oma und Opa aufs Sofa.
»Wer fängt an?«, fragt Benjamin.
Mias Papa holt ein paar Hölzer hinter dem Rücken hervor und hält sie hoch. »Jeder zieht ein Hölzchen. Wer das längste hat, fängt an.«
Benjamin zieht das längste Hölzchen und darf als erster zum Tannenbaum gehen.
Mia ist als zweite dran.

Erwartungsvoll sitzt sie auf dem Sofa und sieht zu, wie Benjamin nach dem größten Geschenk greift.

Noch bevor er auf dem Sessel sitzt, hat er das Paket aufgerissen. »Was ist das denn?«, ruft er enttäuscht.

Mit spitzen Fingern zieht er an dem bunten Stoff.

»Das ist eine Patchwork-Decke«, antwortet Mias Oma prompt.

Verblüfft lässt sich Benjamin auf den Sessel fallen. »Eine Patchwork-Decke? Für mich sieht das aus wie ein Haufen alter Flicken!«

Mia kichert leise. »Ich finde, die Decke sieht lustig aus.«

»Jetzt bist du dran, Mia«, sagt Papa und Mia läuft zum Tannenbaum, um sich ein Geschenk zu holen.

Sie ist schrecklich neugierig, ob sie auch so eine zusammengenähte Decke bekommt.

Flink schnappt sie sich daher auch das größte Paket und kehrt zum Sofa zurück.

Und tatsächlich!

Mia hat auch eine Patchwork-Decke bekommen. Ganz in rosa und rot. »Oh, ist die schön!«, ruft sie aus.

»Oma hat sie genäht«, sagt Papa grinsend.

»Danke, Oma! Sie ist wirklich toll.« Mia umarmt Oma und streichelt nachdenklich über ihre Decke.

»Wenn das eine Patchwork-Decke ist, was ist dann eine Patchworkfamilie? Eine Flickenfamilie?«, fragt sie plötzlich und rümpft die Nase.

Das klingt aber nicht schön, denkt sie.

»Wir sind doch keine alten Flicken«, sagt Benjamin, dem die Enttäuschung ins Gesicht geschrieben steht.

»Patchwork ist eine ganz alte Kunst der Textiltechnik«, fängt Mias Oma an zu erklären, »die die Menschen im Orient schon vor zweitausend Jahren praktizierten. Später verbreitete sich diese Technik auch in Europa.«
Papa nickt und sagt: »Genau. Eine Patchworkfamilie ist nichts anderes als eine neu zusammengewürfelte Familie. Und ich finde, Patchwork ist eine spannende Angelegenheit.«
»Die viel Mut und Durchhaltevermögen kostet«, sagt Opa knurrend.
»Warum?«, fragt Mia wissbegierig.
Mias Oma klopft Opa schmunzelnd auf den Oberschenkel. »Opa meint bestimmt, dass es anstrengend ist, wenn so viele verschiedene Menschen aufeinandertreffen.«
»Richtig«, sagt Opa, »und beide Familien haben schon eine Trennung und viel Schmerz hinter sich. Das ist nicht immer einfach. Zu meiner Zeit hat es das nicht gegeben, aber ich muss zugeben, dass es auch durchaus eine neue Chance sein kann. Und wenn alle Flicken endlich beisammen sind, macht das Zusammenleben bestimmt Spaß.«
»Wenn man sich an die Regeln hält«, wirft Mias Papa ein.
»Richtig, mein Junge«, sagt Opa.
»So wie bei Aschenputtel?«, fragt Mia und bringt sogar Benjamin zum Grinsen.
Papa wiegt seinen Kopf hin und her und sagt schließlich: »Ja, fast so wie bei Aschenputtel. Aber Aschenputtel hatte eine Stieffamilie, weil ihre Mutter gestorben war und ihr

Vater neu geheiratet hat. Ihr Vater und ihre Stiefmutter haben keine gemeinsamen Kinder mehr bekommen.«

Mia bohrt sich nachdenklich in der Nase. »Ich mag die böse Stiefmutter nicht. Sie ist wirklich gemein zu Aschenputtel. Und die Stiefschwestern sind einfach nur boshaft und gehässig. Fast so wie…« Ihr Blick wandert zu Benjamin, der sie ganz betreten anschaut und so spricht sie nicht weiter.

»Ich bin nicht wie Anastasia oder Gisella«, sagt Benjamin schließlich.

Mia legt den Kopf auf die Seite. Dann rümpft sie die Nase und sagt: »Manchmal schon.«

Benjamin schaut traurig zu Boden. »Ich will aber kein böser Stiefbruder sein.« Er ist fast den Tränen nah. »Ich will gar kein Bruder sein. Es ist doof, Geschwister zu haben. Man muss alles teilen. Vor allem aber seine Eltern.«

Sophie steht auf und umarmt ihn. »In diesem Fall nur deine Mutter.«

Und mit einem Mal kann Benjamin die Tränen nicht mehr zurückhalten.

Mia steht auf und geht zu Benjamin.

Sie streichelt seinen Rücken und versucht, ihn zu trösten, obwohl er so ein Einzelgänger ist. »Aber man teilt doch nicht nur, man bekommt auch was dazu«, sagt sie. »Bevor ihr hier eingezogen seid, waren Papa und ich manchmal ganz schön allein. Da habe ich mir oft gewünscht, ich hätte eine Schwester oder einen Bruder, damit etwas Leben in die Bude kommt. Jetzt habe ich einen Stiefbruder und

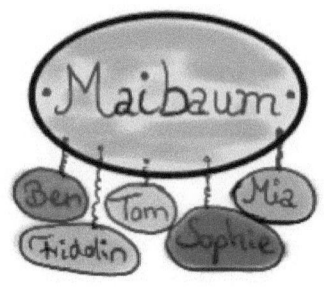

wenn du etwas netter wärest, könnten wir auch bestimmt richtig viel Spaß haben.«

Nach einer ganzen Weile trocknet sich Benjamin die Wangen ab und lächelt Mia an. »Ich verspreche dir, dass ich ab jetzt netter zu dir bin.«

Mia lächelt zurück. »Dann sind wir ab jetzt Freunde?«

»Freunde«, sagt Benjamin und reicht ihr die Hand.

»Und ich möchte keine böse Stiefmutter sein«, fügt Sophie hinzu.

Mia umarmt Sophie und sagt: »Das bist du auch nicht. Du bist die weltbeste Stiefmutter, die ich kenne.«

Pinguininternat

»Schön, dass Sie kommen konnten«, sagt Herr Adler und deutet auf die Stühle.
Es ist fast schon Ostern und Herr Adler hat sich endlich zu einer Entscheidung durchgerungen und Mia mit ihrem Papa zu einem Gespräch eingeladen.
Mia und ihr Papa setzen sich.
Das Büro vom Zoodirektor hat nur ein paar Aktenschränke, einen Schreibtisch und vier Stühle. An den Wänden hängen viele Bilder von Tieren aus aller Welt.
Mia entdeckt sogar verschiedene Pinguinarten, die sich neben den Giraffenbildern tummeln.
Bevor Herr Adler loslegen kann, klopft es an der Tür.
»Herein!«, ruft Herr Adler und alle schauen gespannt zur Tür.
Es ist Karl, der seinen grünen Arbeitsanzug und Gummistiefel trägt. »Guten Morgen!«
»Guten Morgen, Karl! Familie Maibaum ist soeben eingetroffen. Schön, dass Sie sich etwas Zeit nehmen konnten«, sagt Herr Adler und deutet auf den freien Stuhl neben Mia. »Wie geht es unserem kleinen Freund?«
»Fridolin ist sehr aufgeregt. Ich denke, er spürt, dass seine Freundin ganz in der Nähe ist«, sagt Karl mit einem Lächeln im Gesicht.
Mia hält eine kleine Tüte hoch und sagt: »Wir haben Fridolin Fisch mitgebracht.«
»Da wird er sich aber freuen«, sagt Karl und setzt sich.

Herr Adler räuspert sich. »Wir haben uns viele Gedanken gemacht und nachdem Fridolin mehrfach versucht hat, das Pinguingehege zu verlassen, haben wir auch die Behörden überzeugen können, unser kleines Versuchsprojekt zu genehmigen.«

»Wir sind gespannt«, sagt Mias Papa, aber aus den Augenwinkeln sieht Mia, dass Papa sich Sorgen macht.

Auch Mia ist nervös.

Wird sie Fridolin mit nach Hause nehmen dürfen?

»Fridolin hat sich ja nun, wie wir alle wissen, eine ganz besondere Pinguindame ausgesucht, die von montags bis freitags zur Schule geht und fleißig lernt. Vielleicht wirst du ja eines Tages Tierpflegerin«, sagt Herr Adler.

Mia nickt.

Sie kann gar nicht sprechen, so aufgeregt ist sie.

Herr Adler macht es aber auch wirklich spannend.

»Wir haben uns also überlegt, dass du Fridolin über die Wochenenden mit nach Hause nehmen darfst und in der Woche, wenn du in der Schule bist, ist Fridolin bei seinen Artgenossen.«

»Wir haben sogar eine Art Pinguinschule ins Leben gerufen, und versuchen mit den Tieren etwas zu arbeiten und sie unter der Woche zu beschäftigen«, erklärt Karl.

»Dann ist Fridolin also in einem Pinguininternat und kommt nur am Wochenende nach Hause?«, fragt Mia nachdenklich.

Herr Adler und Karl lachen. »Genau, Mia. Es ist wie in einem Internat, wo die Schulkinder nur an den Wochenenden zu ihren Liebsten gehen.«

Mia schaut Papa an.

Wird er erlauben, dass sie Fridolin an den Wochenenden zuhause haben?

Immerhin wird bald auch ein kleines Baby da sein.

Und Babys kosten viel Geld, hat Opa gesagt.

Papa nickt und streichelt ihr über den Kopf. »Ich habe längst alles mit Herrn Adler und der Behörde für Tierschutz besprochen, Mia. Ich habe sogar schon den Bau eines kleinen Pinguinbeckens in Auftrag gegeben, damit dein Fridolin auch etwas planschen kann. Morgen wird es geliefert.«

»Richtig, und da wir einen sehr wohlhabenden Pinguinliebhaber in unserem Zoo als Dauergast haben, wird dieser Herr die Kosten für unser Experiment übernehmen.«

»Ein Sponsor?«, fragt Mias Papa überrascht.

Herr Adler nickt. »Ja. Die Geldspende ist schon bei uns eingegangen. Unserem Projekt steht also nichts mehr im Wege.«

Mia klatscht begeistert in die Hände. »Oh, das ist so toll. Danke!« Stürmisch umarmt sie ihren Papa und lässt ihn gar nicht mehr los.

»Du kannst jetzt mit Karl zu den Pinguinen gehen und Fridolin abholen«, sagt Herr Adler schmunzelnd.

Mia löst sich von ihrem Papa und reicht Herrn Adler die Hand. »Vielen Dank, Herr Adler! Ich verspreche, dass ich immer gut auf Fridolin aufpasse. Er bekommt immer frischen Fisch. Und meine Eltern rauchen auch nicht.« Sie zieht ihre Jacke an.

»Rauchen?«, fragt Herr Adler verwirrt.

Mia nickt und sagt: »Mein Freund Lucas hat erzählt, dass es Tierquäler gibt, die sich zuhause Affen halten und diese wie Menschen rauchen lassen.«

»Oh ja, davon habe ich gelesen. Schrecklich, wirklich schrecklich. Aber keine Sorge, Mia, wir haben dein Zuhause schon auf Herz und Nieren überprüft.«

Mia nickt zufrieden und geht Karl hinterher.

»Wie transportieren wir Fridolin? Einen Autositz für Pinguine gibt es doch gar nicht«, fragt sie beim Hinausgehen.

Karl lacht. »Nein, den gibt es nicht. Aber ich habe eine Transportbox für Katzen umfunktioniert. So kannst du Fridolin sicher im Auto hin und herfahren.«

Der Weg zum Pinguingehege kommt Mia heute viel länger vor als sonst.

Aufgeregt hopst sie neben Karl her, so dass ihr Papa Mühe hat, Schritt zu halten.

Als sie endlich ankommen, will sie Fridolin gleich den Fisch geben, doch Karl hält sie zurück. »Füttere ihn lieber erst nach der Autofahrt, nicht dass dem kleinen Kerl schlecht wird und er sich übergeben muss«, sagt er.

Mia verstaut also den Fisch wieder in ihrer kleinen Kühltasche und begrüßt stattdessen Fridolin, der aufgeregt auf sie zuspringt.

Ohne Probleme lässt er sich in der Transportbox verstauen und trötet auf dem ganzen Weg zum Auto vergnügt vor sich hin, so dass die Zoobesucher ganz neugierig gucken.

Karl begleitet sie noch zum Parkplatz, dann verabschiedet er sich von ihnen.

»Tschüss! Viel Spaß am Wochenende. Wir sehen uns dann am Sonntagabend.«

»Tschüss, Karl!« Mia reicht ihm die Hand.

Dann steigt sie ins Auto, schnallt sich auf der Rückbank an und lässt sich von Papa die Transportbox reichen, damit sie nach Hause fahren können.

Sensation in Bärenklau

Im kleinen Ort Bärenklau spricht es sich schnell herum, dass Mia von nun an einen Wochenendgast zuhause hat und so pilgern sämtliche Kinder des Ortes von morgens bis abends zum Haus der Familie Maibaum.
Nachdem viele der Kinder mit ihren Eltern einfach in Garten marschiert sind, um Fridolin zu begutachten, hat Mias Papa die Nase voll.

Er schließt das Gartentor ab und setzt sich auf einen Stuhl nahe am Gartenzaun, während Mia und Sophie ein großes Holzschild beschriften: *Füttern verboten!*
Als sie das Schild am Zaun befestigt haben, kommen Thomas und Michael vorbei. »*Betreten verboten!* Sieh mal, Michael, niemand darf mehr auf das Grundstück ge-

hen. Mia hält sich wohl für was Besseres, was?«, frotzelt Thomas wütend. »Und füttern dürfen wir Mia auch nicht.«

Die Jungs lachen hämisch.

»Der Pinguin gehört dir nicht«, ruft Michael laut über den Zaun hinweg, »den können alle angucken.«

Herr Maibaum, der hinter einem Busch gesessen hat, springt auf und geht zum Zaun.

Erschrocken weichen Thomas und Michael zurück.

»Auf dem Schild steht auch nicht *Angucken verboten*, oder?«, fragt er Mias Klassenkameraden. »Aber unser Zuhause ist kein öffentlicher Zoo, wo alle nach Herzenslust reinmarschieren können.«

Mia und Sophie kommen aus dem Haus mit einem kleinen Eimer Fische.

»Hallo Frau Biber, wir müssen Sie dringend sprechen«, ruft Thomas und schneidet eine Grimasse.

»Gerne, Thomas, übermorgen in der Schule habe ich Zeit und ein offenes Ohr für euch. Heute ist Samstag und ich werde diesen sonnigen Tag im Kreise meiner Familie verbringen«, antwortet Sophie freundlich.

Thomas schnauft erbost. »Mein Vater sagt, als Lehrerin müssen Sie immer Zeit haben und Ihren Schülern zuhören, wenn sie Probleme haben.«

Sophie reicht Mia den Eimer und geht zum Gartenzaun. »Was hast du denn für ein Problem, Thomas?«

»Das möchte ich hier draußen nicht besprechen. Lassen Sie uns rein, dann sage ich Ihnen, was los ist«, antwortet Thomas hochnäsig.

Sophie schüttelt lachend den Kopf. »Nein, aber netter Versuch, Thomas. Komm bitte Montag früh um 7.45 Uhr in die Schule zum Lehrerzimmer, dann höre ich mir an, wo bei dir der Schuh drückt. Oder soll ich deinen Vater anrufen und fragen, was so dringend ist, dass du mich am Wochenende aufsuchst?«

Thomas zuckt kurz zusammen. Dann strafft er seinen Rücken und zieht Michael mit sich. »Nicht nötig, Frau Biber. Wir sehen uns am Montag.«

»Schönes Wochenende, ihr zwei«, ruft Sophie den Jungs noch hinterher.

»Dein Schüler ist ganz schön frech«, sagt Papa leise zu Sophie, damit Mia ihn nicht hört, aber Mia hat Papa gehört und sie findet Thomas auch ziemlich unverschämt.

Sie weiß genau, dass er nur einen Vorwand gesucht hat, um in den Garten zu gehen und den Pinguin aus der Nähe zu betrachten.

»Hallo Mia!« Lucy steht plötzlich vor dem Gartentor und versucht vergeblich, die Klinke herunterzudrücken. »Seit wann ist bei euch abgeschlossen?«, fragt sie erstaunt.

Mias Papa holt einen Schlüssel aus der Hosentasche und lässt Lucy herein. »Das ist eine Vorsichtsmaßnahme, denn halb Bärenklau ist der Meinung, unser Garten ist der neue Zoo und jeder darf hier hereinspazieren, wie er lustig ist.«

»Oh!« Lucy läuft rot an und traut sich gar nicht, den Garten zu betreten, doch Mia winkt sie aufgeregt zu sich.

»Komm, Lucy, wir füttern Fridolin!«

Thomas und Michael kommen noch einmal zurück. »Ach, und Lucy ist dann wohl eine Ausnahme, was, Frau Biber?«

»Lucy gehört praktisch zur Familie«, antwortet Mia wütend.

»Ihr seid ja eine große Familie«, sagt Michael miesepetrig.

»Sind wir nicht alle irgendwie miteinander verwandt?«, ruft Thomas und lacht gehässig.

Mia schüttelt den Kopf. »Das glaube ich kaum. Soweit ich weiß, stammst du vom Affen ab, du Blödmann.«

Thomas hebt eine Faust hoch und droht Mia, doch Mias Papa, der die Szene aus den Augenwinkeln beobachtet hat, dreht sich zu Thomas um. »Gibt es noch irgendetwas, was du zu sagen hast, Thomas?«

Thomas rümpft die Nase. »Ich will sowieso nicht in Ihren Garten. Hier stinkt es nach Fisch.« Mit diesen Worten zieht er Michael hinter sich her und läuft davon.

Schüchtern schleicht sich Lucy an Mias Papa vorbei zum hinteren Teil des Gartens, wo das neue felsige Hartplastikbecken für Fridolin steht. Der kleine Pinguin hüpft vom Felsen ins Wasser und schwimmt im Eiltempo auf die Mädchen zu.

Lachend setzen sich Mia und Lucy an den Rand des Beckens.

Mia holt einen Fisch aus dem Eimer und reicht ihn Fridolin, der ihn mit einem Happs verschlingt.

Er stupst sie mit dem Schnabel an und verlangt noch mehr Fische.

»Was macht ihr nachts mit Fridolin?«, fragt Lucy nachdenklich.

Mia zeigt auf die kleine Höhle, die in dem Felsenbecken integriert ist. »Er hat seine eigene Höhle.«

»Hast du keine Angst, dass ihn jemand klaut?«

Mias Augen werden immer größer.

Darüber hat sie noch gar nicht nachgedacht.

Blöde Menschen und Diebe gibt es überall, sagt Papa immer.

»Wer sollte denn einen Pinguin klauen?«, sagt Mia, um sich selbst zu beruhigen und lacht zaghaft.

»Thomas würde ich das zutrauen«, sagt Lucy mit fester Stimme.

»Ich auch«, gesteht Mia.

Mias Papa kommt herüber und lässt sich ins Gras plumpsen. »Na, ihr zwei, kommt ihr zurecht?«

Mia schaut ihn gar nicht an.

Sie denkt nach.

»Ist alles in Ordnung, Mia«, fragt Papa besorgt.

Mia runzelt die Stirn. »Papa, wir können Fridolin heute nicht im Garten schlafen lassen.«

»Warum nicht? Er hat doch eine prima Höhle«, antwortet Papa überrascht.

Sophie bringt ein Tablett mit Getränken heraus. »So, für die durstigen Tierpfleger habe ich etwas Limo.«

»Thomas wird bestimmt versuchen, über den Zaun zu klettern, sobald es dunkel ist«, sagt Mia besorgt. »Und dann lässt er ihn laufen oder nimmt ihn mit und versteckt ihn irgendwo.«

Nachdenklich beobachtet Mias Papa den Pinguin. »Hm. Vielleicht hast du Recht. Wir werden Fridolin heute Nacht mit ins Haus nehmen. Ich besorge gleich noch ein Hundekörbchen. Da kann er dann drin schlafen.«

»Wieso ist die blöde Tür abgeschlossen?«, ruft Benjamin vom Gartenzaun aus.

Hinter ihm steht seine ganze Fußballmannschaft und johlt laut, als sie den Pinguin sehen, der auf dem Felsen entlanghüpft.

Mias Papa steht auf. »Reine Vorsichtsmaßnahme, Benjamin.« Er holt seinen Schlüssel aus der Hosentasche und schließt das Tor auf.

»Wollen die alle hier rein?«, fragt Lucy und schaut Mia besorgt an.

Mia wird bei der Horde wilder Jungs ganz angst und bange. »Unmöglich. Das geht nicht.«

Sophie sieht das zum Glück auch so.

Bevor der ganze Pulk von fünfzehn Jungs in den Garten stürmen kann, flitzt sie zum Gartentor und hält die Meute auf. »Stopp! Außer Benjamin betritt niemand das Grundstück.«

»Ach, Mama…«, setzt Benjamin verärgert an, doch Sophie lässt sich nicht erweichen. »Nein. Wir haben heute einen neuen Gast und der braucht Ruhe. Wenn du etwas mit deiner Mannschaft unternehmen willst, musst du das woanders tun.«

»Du bist so spießig, Mama«, beschwert sich Benjamin, und winkt seine Mannschaftskameraden hinter sich her. Er ignoriert Sophies Ansage einfach.

Doch Mias Papa verstellt ihnen den Weg. »Du hast doch gehört, was deine Mutter gesagt hat, Benjamin. Keine Besucher heute.«

Widerwillig schiebt Benjamin sein Fahrrad wieder aus dem Garten und drängt seine Freunde zurück. »Okay, okay. Wir gehen noch etwas bolzen.«

»Du hast uns aber versprochen, dass wir den Pinguin streicheln dürfen«, ruft ein großgewachsener Junge mit blonden Haaren.

»Genau«, bestätigt der Rothaarige neben ihm. »Kneifen gilt nicht.«

»Nix da«, ruft Mias Papa und scheucht die Jungs aus dem Garten. »Und wir sprechen uns noch, Benjamin«, sagt er mit strenger Miene zu Sophies Sohn.

Benjamin schimpft leise vor sich hin, während die anderen Jungs laut schimpfend davonfahren.

Keiner von ihnen hat noch Lust, mit Benjamin Fußball zu spielen, schließlich kommen sie gerade erst von einem anstrengenden Fußballspiel.

Wie ein begossener Pudel trottet Benjamin also wieder in den Garten und wirft sein Fahrrad wütend ins Gras.

»Du kannst nicht einfach mit fünfzehn wild gewordenen Jungs hier auftauchen und einen Zoo aus unserem Zuhause machen«, wirft Mias Papa ihm vor.

»Wieso nicht. Es tut ihm doch nicht weh, wenn meine Jungs ihn angucken und streicheln«, antwortet Benjamin uneinsichtig.

»Fridolin würde krank werden, wenn ihn alle streichen und bedrängen, wie es ihnen passt. Ich habe klare Regeln mit dem Zoodirektor abgesprochen und an diese halten wir uns auch«, erklärt Mias Papa. »Und das haben wir gestern auch beim Abendessen besprochen«, fügt er hinzu.

»Blöder Pinguin! Den will sowieso niemand sehen.« Mit diesen Worten verschwindet Benjamin im Haus.

»Benjamin ist fast so doof wie Thomas«, rutscht es Lucy heraus. Schnell schlägt sie sich die Hand vor den Mund und entschuldigt sich.

Mia nickt. »Da hast du leider vollkommen Recht. Schade, dass ich nicht so einen tollen Bruder habe wie du.«

Lucy klopft Mia beruhigend auf die Schulter. »Dafür hast du einen Pinguin.«

Ein wenig getröstet nimmt Mia einen der bunten Bälle und wirft ihn Fridolin zu. Dieser springt sofort ins Wasser und stupst den Ball mit dem Kopf zurück zu Mia. »Und Fridolin ist sogar besser erzogen als Benjamin«, sagt Mia lachend und bemerkt gar nicht, wie Papa Sophie beiseite zieht, um mit ihr leise über Benjamin zu reden.

Osterüberraschung

»Papa, wo bleibst du denn?« Ungeduldig steht Mia im Flur und wartet auf ihren Papa.
Es ist Donnerstag und das Osterwochenende steht bevor.
Vier Tage wird Fridolin bei den Maibaums verbringen und Mia kann es kaum erwarten.
Benjamin ist über die Ostertage bei seinem Vater in Berlin und das freut Mia sehr, denn er war in letzter Zeit noch unausstehlicher als sonst, weil ihm die Jungs vom Fußball nicht verziehen haben, dass sie entgegen seines Versprechens nicht zum Pinguin durften.
Aber man darf halt nichts versprechen, was man nicht halten kann, hat Sophie am Abend noch zu Benjamin gesagt, der daraufhin nur wütend herumgebrüllt hat und in seinem Zimmer verschwunden ist.
»Papa!«, ruft Mia erneut.
Mias Papa flitzt die Treppe herunter und schnappt sich seine Jacke. »Bin schon da! Wir können los.«
Sie verlassen das Haus und laufen zum Auto.

Eine halbe Stunde später lässt Karl sie ins Pinguingehege, wo Fridolin schon ganz aufgeregt in seiner Transportbox sitzt und ganz viel Stroh um sich gescharrt hat.

»Hallo Fridolin, bist du so aufgeregt, dass du schon in der Box auf uns wartest?«, sagt Mia lachend.

Karl nickt. »Ich bin auch ganz überrascht, dass der kleine Kerl schon den ganzen Tag freiwillig in der Transportbox sitzt und nur drei Fische gegessen hat.«

»Er wird doch nicht krank?«, fragt Mias Papa besorgt.

Mia bekommt vor Schreck Bauchweh.

Ein kranker Pinguin wäre kein schönes Ostergeschenk.

Doch Karl schüttelt den Kopf. »Das glaube ich nicht, Herr Maibaum. Ich vermute eher, Fridolin ist aufgeregt, weil er weiß, dass er die nächsten Tage bei seiner Pinguindame verbringen darf.«

Mia streichelt Fridolin und verschließt die Box.

Dann hebt sie das schwere Transportmittel hoch und schleppt es zum Ausgang.

Sie verabschieden sich von Karl und wünschen ihm ein schönes Osterfest.

Draußen nimmt Mias Papa die Box, denn sie wiegt zusammen mit dem Pinguin ein paar Kilo und ist auf Dauer zu schwer für Mia.

Zuhause angekommen bringt Mia ihren kleinen Freund zum Pinguinbecken und öffnet die Transportbox.

Normalerweise springt Fridolin stets freudig vergnügt heraus und kann es gar nicht abwarten, ins Wasser zu tauchen.

Doch heute zögert er.

Also legt Mia zwischen Box und Höhle kleine Fische ab, die Fridolin einsammeln soll, aber der kleine Pinguin bleibt ruhig in seinem Strohnest sitzen und rührt sich nicht.

»Willst du nicht herauskommen, Fridolin?«, fragt sie den kleinen Kerl.

Doch Fridolin trötet nur leise und bleibt sitzen.

»Mia, es gibt Abendbrot. Kommst du bitte!«, ruft Papa aus dem Wohnzimmerfenster.

Unschlüssig bleibt Mia stehen, dann rennt sie ins Haus, nachdem sie sich vergewissert hat, dass das Gartentor zugeschlossen ist.

Sophie hat heute Ofenkäse gemacht.

Mia liebt gebackenen Käse, aber heute hat sie kaum Appetit.

Irgendetwas stimmt nicht mit Fridolin und sie kann das Abendbrot überhaupt nicht genießen.

»Was ist los, Mia? Hast du keinen Hunger?«, fragt Sophie besorgt.

Mia würgt den Bissen hinunter und schüttelt den Kopf.

»Ich mache mir Sorgen, weil Fridolin seine Transportbox heute nicht verlassen will.«

»Dann sieh doch noch einmal nach ihm«, schlägt Sophie vor. »Und wenn er in seiner Höhle ist, kannst du beruhigt weiteressen.«

Unsicher schielt Mia zu Papa, doch der nickt nur.

Also springt sie auf und läuft in den Garten hinaus.

Die Transportbox ist leer.

Sogar das Stroh fehlt.

Die Fische sind ebenfalls nicht mehr da.

Langsam schleicht Mia zur Höhle und leuchtet vorsichtig mit ihrer Taschenlampe hinein.

Fridolin hat sich ein gemütliches Strohlager gebaut und frisst gerade den letzten Fisch.

Erleichtert rennt Mia ins Haus zurück.

»Und? Was ist mit deinem Freund?«, fragen Sophie und Papa gleichzeitig.

»Fridolin sitzt in seiner Höhle und isst Abendbrot«, berichtet Mia glücklich lächelnd.

Erleichtert verputzt sie ihren Käse und isst auch gleich noch einen Zweiten.

Nach dem Abendessen geht sie noch einmal zu Fridolin, um mit ihm zu kuscheln.

Doch heute bleibt er beharrlich in seiner Höhle sitzen und lässt sich auch nicht mit einem Ball herauslocken.

»Hm. Vielleicht bist du von deiner Schulwoche erschöpft«, sagt Mia nachdenklich und geht zurück ins Haus.

***

Am Samstagmorgen kommt Lucy vorbei.

Sie begrüßt zuerst Fridolin in seiner Höhle, dann geht sie mit Mia ins Kinderzimmer, um ein paar Ostergeschenke zu basteln.

Nachdem die Mädchen ihre Holzschatullen beklebt und bemalt haben, ist es auch schon mittags.

Eilig laufen sie in die Küche und holen kleine Fische für Fridolin.

Dann gehen sie in den Garten.

»Er sitzt noch immer in seiner Höhle«, sagt Lucy naserümpfend.

»Komisch, oder?«, sagt Mia und steckt ihren Kopf in die Höhle. »Fridolin, Mittagessen. Es gibt deinen Lieblingsfisch.«

Doch der kleine Pinguin bleibt beharrlich in seinem Strohlager sitzen.

Also legt Mia den Fisch in die Höhle und beobachtet mit Lucy aus der Ferne, ob er ihn frisst.

Nach einer Weile beugt sich Fridolin vor und angelt sich den Fisch vorsichtig mit dem Schnabel.

»Er will wohl heute gar nicht mit uns spielen?«, fragt Lucy verwundert.

Mia zuckt mit den Schultern. »Ich habe keine Ahnung, was er hat. Ihm scheint es im Stroh besser zu gefallen.«
Die Mädchen versuchen noch ein paar Mal, Fridolin aus der Höhle zu locken, aber der Kleine will seine Höhle einfach nicht verlassen.

***

Am Ostersonntag scheint die Sonne von einem wolkenlosen Himmel.
Vergnügt schlüpft Mia in ihr Sommerkleid und läuft in die Küche. »Guten Morgen!«, ruft sie und linst aus dem Fenster.
»Dein Pinguin sitzt noch immer in der Höhle«, verrät Papa.
»Warst du schon draußen?«, fragt Mia überrascht.
»Klar. Ich musste doch dem Osterhasen helfen, die Geschenke zu verstecken«, sagt Papa verschmitzt.
»So ein Blödsinn«, sagt Benjamin, der soeben im Schlafanzug die Treppe herunterstiefelt. »Es gibt keinen Osterhasen.«
»Was machst du denn hier?«, fragt Mia erschrocken.
»Ich wohne hier«, antwortet Benjamin unwirsch.
»Aber du wolltest doch das Wochenende in Berlin verbringen«, sagt Mia reichlich verwirrt.
»Benjamin hat sich gestern Abend nach Hause fahren lassen. Offenbar gab es etwas Streit mit Anna«, erklärt Sophie.
»Immer verbietet sie mir das Computerspielen, wenn ich bei Papa bin«, beschwert sich Benjamin. »Die ist schlim-

mer als ein Feldwebel. *Tu dies und tu das und tu das bloß nicht«*, keift Benjamin mit hoher Stimme und versucht Anna nachzuäffen.

»Deshalb bist du zurückgekommen?«, fragt Mia ungläubig.

Benjamin ist wirklich komisch, denkt sie.

Sie hat Anna kennengelernt und findet sie ganz in Ordnung. Benjamin übertreibt maßlos und benimmt sich wie ein verzogenes Kind.

»Tja«, sagt Mias Papa, »bei Anna herrscht noch Zucht und Ordnung.«

»Zu viel Zucht und Ordnung«, knurrt Benjamin. »Hoffentlich ist die bald weg.«

»Ben!«, ruft Sophie entrüstet. »Wenn das dein Vater hört.«

»Na, und? Soll er doch. Ist mir egal. Ständig macht sie mir Vorschriften. Dabei hat sie mir gar nichts zu sagen.«

Wütend verschränkt Benjamin die Arme vor der Brust.

»Offenbar gibt es recht viele Leute, die dir nichts zu sagen haben«, bemerkt Mias Papa.

Benjamin antwortet nur mit einem unfreundlichen Grunzen, woraufhin Sophie die Augen verdreht.

»Ich finde Ostern toll und es ist doch eine hübsche Vorstellung, wenn ein kleiner, flauschiger Hoppelhase im Garten herumspringt und Ostereier versteckt«, sagt Mia trotzig.

»Mia hat Recht«, sagt Sophie und schenkt Mias Papa eine Tasse Kaffee ein.

Mia setzt sich an den gedeckten Frühstückstisch und isst die frisch gebackenen Waffeln, die Sophie zur Feier des Tages gemacht hat.

Nach dem Frühstück läuft Benjamin zur Terrassentür, doch seine Mutter pfeift ihn zurück. »Im Schlafanzug geht es nicht in den Garten zum Ostereiersuchen. Zieh dir bitte etwas an!«

Grummelnd schleicht Benjamin nach oben und wirft seine Zimmertür laut krachend ins Schloss.

Mia verdreht die Augen. »Es ist Ostern und total schönes Wetter. Aber Benjamin schafft es sogar an so einem schönen Tag, schlechte Laune zu verbreiten.« Damit schlüpft sie in ihre Sandalen und geht auf die Terrasse, wo die Osterkörbchen darauf warten, gefüllt zu werden.

Sophie und Papa kommen auch in den Garten.

»Darf ich schon anfangen, Ostereier zu suchen?«, fragt Mia, die bereits ein paar bunte Eier im Busch entdeckt hat.

Papa zögert, doch da Benjamin keine Anstalten macht, wieder aus seinem Zimmer zu kommen, nickt er. »Gut, fang an!«

Mia flitzt von einem Busch zum nächsten und füllt ihr Körbchen, bis kein einziges Osterei mehr Platz darin findet.

Ganz zum Schluss findet sie ein kleines, längliches Paket mit rosa Einpackpapier. Auf dem Papier steht ihr Name.

Gespannt reißt sie das Papier ab. »Eine Barbiepuppe!«, ruft sie erfreut aus und rennt zur Pinguinhöhle.

»Sieh nur, Fridolin, eine Puppe!« Neugierig guckt sie in die Höhle.

Fridolin trötet so laut, dass sie vor Schreck zurückweicht und ins Gras plumpst.

Bevor sie aufstehen kann, steckt Fridolin seinen Kopf aus der Höhle und springt mit einem Satz auf den Felsen, dicht gefolgt von einem...Pinguinbaby.

Mia reibt sich die Augen. »Ich glaube, ich träume«, sagt sie und schaut noch einmal zum Pinguinfelsen.

»Papa!«, ruft sie laut. »Papa!«

Papa und Sophie kommen näher. »Ich glaube, ich träume«, sagt Papa überrascht. »Was macht das Pinguinbaby hier?«

Mia späht in die Höhle. »Da liegt Eierschale im Stroh. Bestimmt hat Fridolin das Ei geklaut und ausgebrütet«, sagt sie.

»Darum hat Fridolin seine Höhle nicht mehr verlassen«, sagt Papa und lacht lauthals los.

»Was machen wir denn jetzt?«, fragt Sophie.

Ihr ist gar nicht zum Lachen zumute.

Papa grunzt theatralisch und lässt sich neben Mia ins Gras plumpsen. »Na, das ist ja eine schöne Osterüberraschung.«

Nun muss auch Sophie lachen.

Benjamin kommt nun doch in den Garten und nähert sich neugierig. »Warum lacht ihr?«, fragt er.

Sophie zeigt auf die beiden Pinguine. »Fridolin wollte gerne Papa werden.«

»Oh!« Wie angewurzelt bleibt Benjamin stehen. »Mia hat gar nicht erzählt, dass sie schwanger ist.«

»Sehr witzig«, sagt Mia verärgert und rappelt sich auf.
Benjamin ist wirklich manchmal blöd, denkt sie und stellt ihren Osterkorb auf die Terrasse.
»Benjamin«, ermahnt ihn Sophie, »lass Mia in Ruhe!«
Benjamin zieht eine Grimasse und fängt an, so unauffällig wie möglich, Ostereier zu suchen.
»Warum tust du so, als würdest du nur durch den Garten spazieren?«, fragt Mia. »Ist es dir etwa peinlich, Ostereier zu suchen?«
Benjamin zeigt mit dem Finger auf Mia. »Richtig geraten. Ostereiersuchen ist total uncool.«
Papa kommt und nimmt Benjamin den Korb weg. »Dann kann ich ja für dich suchen und die Ostereier essen. Ich finde Ostereiersuchen nämlich ziemlich cool.«
Benjamin will sich beschweren, doch stattdessen setzt er sich auf die Terrasse und wirft kleine Steine ins Gras.
»Lass das, Benjamin, sonst geht mein Rasenmäher kaputt, wenn ich das nächste Mal mähen muss«, sagt Mias Papa und gibt Benjamin den Osterkorb zurück. »Hier, geh lieber Ostereiersuchen! Da hast du eine sinnvollere Beschäftigung.«
Grinsend steht Benjamin auf und füllt seinen Korb mit Süßigkeiten, die noch überall im Garten versteckt liegen.
»Müssen wir jetzt im Zoo anrufen?«, fragt Mia nachdenklich.
Papa zuckt mit den Schultern. »Keine Ahnung. Ich glaube allerdings nicht, dass heute jemand da ist. Schließlich ist Ostersonntag.«

»Ich denke schon, dass die Tierpfleger da sind«, bemerkt Benjamin und holt einen Werbezettel aus der Hosentasche. »Heute gibt es im Zoo Ostereiersuchen, Tierfütterungen und Schminkspaß für die Kinder.«

»Lasst uns trotzdem bis morgen warten«, schlägt Sophie vor. »Ich würde heute lieber faul zuhause bleiben.« Erschöpft setzt sie sich auf einen Stuhl und hält ihr Gesicht in die Sonne.

»Was essen denn Pinguinbabys?«, fragt Mia.

Bevor jemand ihre Frage beantworten kann, schnappt sich Fridolin einen kleinen Fisch aus dem Eimer, den Mia am Beckenrand stehenlassen hat und zerkleinert ihn. Dann lässt er die Fischhappen in den Schnabel des Babys plumpsen.

»Ich glaube, damit ist deine Frage beantwortet, Mia«, sagt Papa und lacht.

Aufregung im Zoo

Als Mia und Papa Fridolin und sein Adoptivbaby am Ostermontag in den Zoo bringen, herrscht schon große Aufregung im Pinguingehege.

Karl und Martin rennen vollkommen verschwitzt von einer Ecke zur anderen.
»Hallo Karl, wir bringen Fridolin zurück«, sagt Mia.
Karl beachtet sie kaum. »Schön«, sagt er nebenbei.
»Ist etwas passiert?«, fragt Mias Papa.
Karl wischt sich über die Stirn. »Ein Pinguinei ist weg.«
Mia grinst. »Ich glaube, da können wir weiterhelfen.«
Verwundert bleiben Karl und Martin stehen. »Ihr?« Stirnrunzelnd schauen sie Mia an.
Mia stellt die Transportbox auf den Tisch und öffnet sie. »Komm Fridolin, zeig Karl, wen du mitgebracht hast.«
Neugierig kommen die beiden Tierpfleger näher.

Als Martin das Pinguinbaby entdeckt, fängt er an zu lachen. »Auf die Idee hätten wir auch gleich kommen können.«

»Warum?«, fragt Mia.

»Nun, es ist nicht das erste Mal, dass ein Pinguin einem anderen Pinguin ein Ei gestohlen hat, um es auszubrüten. Und da Fridolin keine echte Pinguindame hat, die Nachwuchs bekommen kann, hat er sich eben anderweitig geholfen und das Ei geklaut«, erklärt Martin.

»Er hat fast das ganze Wochenende gebrütet«, berichtet Mia.

Karl schmunzelt. »So ein kleiner Gauner! Na, komm, Fridolin, wir wollen dein Baby mal begutachten!«

Doch Fridolin traut sich nicht, die Transportbox zu verlassen.

Er bleibt im Stroh sitzen und faucht Karl an, sobald dieser versucht, die Hand in die Box zu stecken.

»So wird das nix«, sagt Karl und kratzt sich am Kopf. »Mann, Fridolin, was soll ich mit dir noch machen?«

»Er hat es nicht böse gemeint«, verteidigt Mia ihren Freund.

»Nein«, sagt Karl stöhnend, »ich habe trotzdem keine Ahnung, wie wir das wieder geradebiegen sollen.«

»Kann Fridolin das Baby nicht behalten?«, fragt Mia und ist fast ein bisschen traurig.

Karl plumpst auf einen Stuhl und nimmt seine Mütze vom Kopf. »Ich bin mir nicht sicher, ob die anderen Pinguine das hinnehmen werden. Und was machen wir mit dem Elternpaar, das sein Ei seit Donnerstag sucht?«

»Die *suchen* ihr Ei?«, fragt Mia verwundert.

»Würdest du dein Kind nicht suchen?«, fragt Martin.

»Hm. Doch«, gibt Mia zu, »das würde ich. Aber ich dachte, bei Pinguinen ist das vielleicht anders.«

»Nein, nicht unbedingt«, sagt Karl. »Ach, Fridolin, du bist ein richtiges Sorgenkind. Es gibt kaum einen Tag, an dem du keinen Mist verzapfst.«

»So schlimm?«, fragt Mias Papa.

Karl lacht. »Nein, nein. So schlimm ist es nicht. Aber wenn er Mist baut, dann richtig.«

»Und warum will Fridolin die Transportbox jetzt nicht verlassen?«, fragt Mias Papa.

»Ich vermute, er weiß, dass wir ihm das Baby wegnehmen wollen«, antwortet Karl.

»Müssen Sie ihm das Baby denn wegnehmen?«, fragt Mia besorgt.

Karl lässt sich auf einen Stuhl plumpsen. »Das ist eine gute Frage. Was passiert, wenn wir es tun?«

»Dann holt er sich das Baby bestimmt zurück«, antwortet Mia. »Oder es hüpft von alleine zu Fridolin zurück, weil es glaubt, dass er sein Papa ist.«

»Richtig«, sagt Karl und wischt sich den Schweiß von der Stirn.

»Und wenn wir es ihm lassen? Was ist dann mit den richtigen Eltern?«, fragt Martin.

Mia wiegt nachdenklich den Kopf hin und her. »Vielleicht merken die gar nicht, dass Fridolins Baby eigentlich ihr Baby ist. Oder erkennen Pinguine ihre Kinder am Geruch?«

»Davon ist mir nichts bekannt. Die Pinguine leben ohnehin im Verband. Vielleicht hast du Recht und es ist die bessere Lösung, das Baby bei Fridolin zu lassen«, sagt Karl grübelnd.

»Und woher weiß Fridolin jetzt, dass er das Baby behalten darf?«, fragt Mias Papa.

Karl nimmt die Transportbox und bringt sie nach draußen zu den Pinguinhöhlen. »Wir lassen es einfach darauf ankommen. Versuch macht klug«, sagt er und wackelt lustig mit den Augenbrauen.

Mia und ihr Papa folgen ihm gemeinsam mit Martin, der sich ebenfalls nichts entgehen lassen will.

Der Tierpfleger stellt die Transportbox vor Fridolins Höhle ab und öffnet die Tür.

Zunächst passiert nichts.

Doch nach wenigen Minuten steckt Fridolin seinen Kopf aus der Box und schaut sich um.

Er scheint keine Gefahr zu wittern, denn mit einem Schnabelstupser scheucht er das kleine Baby im Eiltempo in seine Höhle.

»Wir müssen das Baby trotzdem in den nächsten Tagen von der Tierärztin untersuchen lassen«, sagt Karl. »Und dann rede ich noch einmal mit der Ärztin, ob es eine gute Entscheidung ist, das Baby bei Fridolin zu lassen. Na, wenigstens kümmert er sich rührend um das kleine Ding.«

»Zuhause hat er es sogar gefüttert«, berichtet Mia stolz.

Karl klopft ihr auf die Schulter. »Das freut mich. Pinguine sind in der Regel auch sehr liebevoll mit ihrem Nachwuchs. Oftmals teilen sich die Paare die Arbeit und während einer von beiden auf Futtersuche geht, bleibt der andere beim Baby.«

»Ich frage mich, ob wir Fridolin an den nächsten Wochenenden dann überhaupt mit zu uns nehmen können«, sagt Mias Papa.

Überrascht dreht sich Mia zu ihrem Papa um. »Warum denn nicht?«, fragt sie.

»Nun, es ist eine Sache, einen Pinguin zu versorgen, aber eine ganz andere, wenn noch ein Pinguinbaby dazukommt«, sagt Papa.

»Vielleicht können Sie am Freitag etwas früher kommen und wir reden gemeinsam mit der Tierärztin darüber, wie sie die Sache sieht«, schlägt Karl vor.

Mia und ihr Papa nicken.

Sie sind einverstanden und verabschieden sich.

Mia hat ein wenig Bauchweh, denn sie hofft, dass die Tierärztin nichts dagegen hat, dass sie die beiden mit nach Hause nehmen.

***

Am Freitag sitzt Mia bei den Pinguinen und wartet auf ihren Papa, der mit der Tierärztin spricht.

Nach einer Weile kommt er wieder.

»Das war aber ein langes Gespräch«, beschwert sich Mia und schaut auf ihre Armbanduhr. »Du warst eine Stunde lang weg.«

Mias Papa seufzt. »Tut mir leid, mein Schatz! Wir haben über Fridolin und das Baby gesprochen.«

»Und? Können wir die beiden mitnehmen?«, fragt Mia und zappelt auf ihrem Stuhl herum, so aufgeregt ist sie.
Papa nickt. »Ja.« Er setzt sich kurz auf den zweiten Stuhl und holt tief Luft. »Es ist übrigens ein kleiner Max.«
»Dann gehe ich gleich zu Fridolin und Max«, sagt Mia und schnappt sich die Transportbox.
Auch heute ist Fridolin sehr vorsichtig.
Zuerst steckt er seinen Kopf aus der Höhle, als er Mia hört, dann sieht er sich nach allen Seiten um. Als er niemanden außer Mia entdecken kann, schupst er Max aus der Höhle in die Transportbox.
Der kleine Pinguin stolpert ins Stroh und Mia verschließt die Box hinter den beiden.
»Uff, ihr zwei seid aber schwer«, sagt sie.
Mit aller Kraft schleppt sie die Box in den Arbeitsraum von Karl und reicht sie an Papa weiter. »Papa, kannst du die beiden tragen?«
Mias Papa nickt und wuschelt Mia durch die Haare.
Sie verabschieden sich von Karl und verlassen den Zoo.
Als sie zuhause ankommen, wartet Lucy bereits auf sie.
Ihre Eltern fahren übers Wochenende ohne Kinder an die Nordsee und so schläft Lucy bei ihnen. »Hallo Mia!«, ruft sie schon von weitem.
Mia winkt zurück. »Hallo Lucy, wartest du schon lange?«
Lucy schüttelt den Kopf. »Nein. Meine Eltern haben zuerst Tim weggebracht. Er schläft bei einem Freund.«
»Und wir machen uns ein schönes Mädchenwochenende mit Kakao, Waffeln, Chips und Basteln«, schlägt Mia vor.
Lucy klatscht begeistert in die Hände.

»Ich habe alles eingekauft«, sagt Sophie und zeigt auf die Chips und Süßigkeiten.
Begeistert nehmen die Mädels ein Tablett und tragen alles in Mias Zimmer.

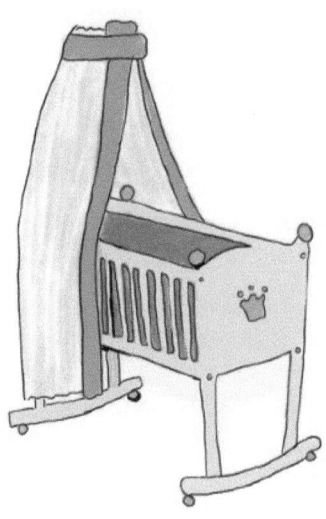

Ende gut, alles gut

»Nur noch drei Wochen, dann sind Sommerferien«, sagt Lucas grinsend zu Mia und Lucy.
Sie sitzen auf dem Klettergerüst im Pausenhof und essen ihre Pausenbrote.
»Fahrt ihr in den Ferien weg?«, will Lucy wissen und Lucas nickt. »Ja. Wir fahren nach Frankreich. Und du?«
Lucy steckt den Rest ihrer Möhre in den Mund. Schmatzend sagt sie: »Wir fahren nach Italien an den Gardasee.«
Schweigend sitzt Mia auf der Kletterstange und hört ihren beiden Freunden zu.
Papa und Sophie haben keinen Urlaub geplant, denn Mias neue Schwester soll in den nächsten zwei Wochen geboren werden.
Und Benjamin besucht seinen Vater in Berlin.

Sie wollen nach Spanien ans Meer.
Nur Mia hat nichts vor in den Ferien.
Sie wird vermutlich ganz einsam und allein in ihrem Zimmer hocken und die Schule herbeiwünschen.
Traurig verstaut Mia ihr Pausenbrot in der Jackentasche.
Ihr ist der Appetit gründlich vergangen.
»Was ist mit dir, Mia? Wohin fährst du?«, fragt Lucy aufgeregt.
Mia verzieht den Mund.
Das Lächeln gelingt ihr nicht.
Aber zum Glück klingelt es zur Stunde.
Eilig springt Mia vom Klettergerüst und läuft zurück in die Klasse.
Lucas und Lucy haben Mühe, sie einzuholen.
»Mia, warte doch auf uns!«, ruft Lucy ihr hinterher, doch Mia will nicht warten.
Sie ist traurig, weil sie in den Ferien zuhause bleiben muss. Und sie ist wütend auf ihre Mama, weil sie sich noch immer irgendwo in Afrika aufhält.
Sie hat zwar geschrieben, dass sie sie vermisst, aber auch, dass sie nicht nach Deutschland zurückkehren wird.
Und jetzt fühlt sich Mia noch schlechter als vorher.
Blöde Post!
Blöde Mama!
Lucy hält atemlos neben Mia an und hält sie am Ärmel fest. »Was ist denn los? Warum läufst du weg?«, fragt sie.
Bevor Mia antworten kann, taucht Sophie auf.
Ihr Bauch ist mittlerweile kugelrund.

Frau Schmidt wollte sie längst nach Hause in die Babypause schicken, aber Sophie hat darauf bestanden, die Klasse bis zum Schuljahresende zu betreuen. »Mia! Lucy! Kommt in die Klasse! Der Deutschunterricht geht los«, sagt sie schnaufend wie eine Dampflokomotive.
Beim Hineingehen stößt Lucy Mia in die Rippen und flüstert: »Du fährst nicht weg, weil du ein Geschwisterchen bekommst, richtig?«
Mia nickt schweigend.
Lucy streichelt ihr über die Schulter. »Du wirst sehen, Mia. Ein Baby ist viel besser als Urlaub. Meine kleine Schwester ist so süß«, schwärmt Lucy lachend.
Und Lucy muss es wissen, denn sie hat seit ein paar Monaten eine kleine Schwester namens Marie.
Mia nickt und sagt: »Stimmt. Deine kleine Marie ist toll. Hoffentlich ist meine Schwester auch so süß.«
Mitten in der Deutschstunde lässt Sophie plötzlich die Kreide fallen und krümmt sich. »Autsch«, sagt sie leise. Sie versucht zu lächeln, um die Kinder nicht zu beunruhigen, doch das gelingt ihr nicht.
»Haben Sie Schmerzen, Frau Biber?«, fragt Lucy ängstlich.
Die Lehrerin nickt mit verkniffenem Mund.
»Soll ich Frau Schmidt holen?«, ruft Lucy aufgeregt.
Frau Biber guckt genauso schmerzverzerrt wie ihre Mama, kurz bevor Marie geboren wurde.
Eilig rennt Lucy aus dem Klassenzimmer, ohne Frau Bibers Antwort abzuwarten.

Wenige Minuten später kehrt sie mit Frau Schmidt ins Klassenzimmer zurück. »Ich habe mir erlaubt, Tom Maibaum anzurufen, Sophie«, sagt Frau Schmidt. »Er wird gleich hier sein und dich abholen.«
Dann wendet sie sich an die Klasse. »Liebe Schüler, so wie es aussieht, kommt Frau Bibers Baby ein paar Tage früher. Das ist nicht schlimm. Es verpasst jetzt allerdings euren Deutschunterricht.«
Ein paar der Kinder lachen leise.
Michael ruft ausgelassen: »Da kann das Baby aber froh sein, Frau Schmidt! Ich würde gerne mit ihm tauschen.«
Frau Schmidt grinst, aber eine Augenbraue wandert fragend in die Höhe. »Dann schlage ich vor, wir beenden die Deutschstunde mit einem Spiel. Während ich euch die Spielregeln erkläre, begleitet Mia Frau Biber bitte nach draußen zum Parkplatz.«
Frau Schmidt beugt sich über den Lehrerpult und sagt zu Mia: »Pack deine Sachen ein, Mia! Heute wirst du dich ohnehin nicht mehr konzentrieren können. Dein Vater sagte am Telefon, dass du zusammen mit deiner Oma im Krankenhaus warten darfst.«
Das muss sie Mia nicht zweimal sagen.
Geschwind schmeißt Mia alle Stifte, Zettel und Bücher in ihren Schulranzen.
Dann rennt sie aus dem Klassenzimmer.
Sie wechselt ihre Schuhe und stürmt wieder zur Tafel, wo Sophie grinsend auf sie wartet.
Langsam gehen beide aus dem Raum.

Alle Augenpaare sind auf sie gerichtet und Mia fühlt sich zum ersten Mal schrecklich wichtig.

Mia winkt Lucy und Lucas noch einmal zu, dann verschwindet sie um die Ecke.

Mia ist furchtbar nervös.

Das Herz klopft ihr bis zum Hals.

Das Baby kommt.

Endlich!

Mia und Sophie stehen wenige Minuten später auf dem Parkplatz, wo Mias Papa mit quietschenden Reifen und hochrotem Kopf mit dem Auto zum Stehen kommt.

Auch Benjamin kommt aus dem Schulgebäude gerannt.

Er darf die Schule, genau wie Mia, früher verlassen.

»Cool«, sagt er schnaufend, »das Baby führt sich ja gut ein. Jetzt brauche ich den Mathetest nicht mitzuschreiben.«

Papa springt aus dem Auto und hält Sophie mit zitternden Fingern die Beifahrertür auf. »Kinder, steigt ein«, ruft er krächzend und fährt los, bevor Mia die Tür zuschlagen kann. »Papa! Warte! Die Tür ist noch offen und ich bin noch nicht angeschnallt«, ruft Mia entsetzt.

Papa tritt auf die Bremse. »Entschuldige, Mia! Ich bin so nervös. Meine letzte Geburt ist fast acht Jahre her.«

Mia schließt die Tür und schnallt sich an. »Ich wusste gar nicht, dass Papas die Kinder kriegen«, witzelt sie und erntet von Benjamin ein leises Kichern.

»Natürlich«, sagt ihr Papa grinsend und gibt Gas.

Nach zehn Minuten und einer roten Ampel erreichen sie endlich das Krankenhaus.

Oma und Opa stehen schon vor dem Eingang und begrüßen sie lächelnd. »Mia, meine Kleine! Hallo Benjamin! Schön, dass ihr da seid«, sagt Oma und umarmt Mia, während Opa Benjamin die Hand schüttelt.
»Wir haben ein Spiel mitgebracht«, sagt Opa grinsend, »falls es länger dauert«, fügt er hinzu.
Verschmitzt zwinkert Opa Mia zu.
Mia kichert hinter vorgehaltener Hand.
Dann winkt sie Papa und Sophie zu, wünscht ihnen viel Glück und sieht die beiden im Gebäude verschwinden.
»Dauert es sehr lange, bis so ein Baby geboren ist?«, fragt Mia nachdenklich.
Oma legt ihren Arm um Mias Schultern. »Manchmal schon«, sagt sie.
»Und genau für den Fall, gehen wir vier jetzt ins Restaurant und schlagen uns den Bauch mit Pommes voll. Habt ihr Hunger?«, fragt Opa.
Mia lächelt und nickt.
Es tut so gut, dass Oma und Opa da sind.
Singend überqueren sie die Straße zum Restaurant.
Mia und Benjamin essen eine Riesenportion Pommes mit Currywurst, während Oma und Opa Bratkartoffeln mit Fisch bevorzugen.
»Was meint ihr«, fängt Opa an, als er aufgegessen hat, »sollen wir nach drüben gehen und nachsehen, ob das Baby schon da ist?«
Oma schaut auf die Uhr und schüttelt den Kopf. »Ach, nein, Hans«, sagt sie, »lass uns noch etwas trinken und dein Spiel spielen. Das Baby ist bestimmt noch nicht da.«

Nach einer Stunde ›*Mensch-Ärgere-Dich-Nicht*‹ ist Mia so nervös, dass sie nicht mehr still auf dem Stuhl sitzen kann.
Auch Benjamin hat keine Lust mehr zu spielen.
Also schlägt Oma vor, ins Krankenhaus zu gehen. »Vielleicht ist euer Geschwisterchen ja schon da«, sagt sie.
Mias Herz klopft heftig gegen die Brust, als sie mit dem Fahrstuhl in den zweiten Stock fahren.
Eine Krankenschwester begrüßt sie freundlich.
»Ist das Baby von Sophie Biber schon da?«, fragt Mias Oma.
»Nehmen Sie doch bitte Platz«, sagt die Krankenschwester und deutet auf eine lange Bank. »Ich werde nachfragen.« Nach zwei Minuten kommt sie lächelnd zurück. »Das Baby ist tatsächlich schon da. Es lief alles schnell und unkompliziert. Sie dürfen reingehen.«
Wieder klopft Mias Herz, als wollte es davonlaufen.
Sie ist so aufgeregt, dass sie einen Blumenkübel übersieht und prompt darüber stolpert.
»Hast du dir wehgetan?«, fragt Oma besorgt.
Mia schüttelt den Kopf.
Tapfer steht sie auf reibt und sich die Knie, bis der Schmerz nachlässt.
Opa klopft unterdessen an die Zimmertür.
»Herein«, hören sie Papas Stimme.
Opa öffnet vorsichtig die Tür.
Sophie sitzt auf einem großen, weißen Bett und hält ein kleines Baby im Arm.

Papa sitzt stolz auf der Bettkante und winkt Mia und Benjamin zu sich. »Hallo, ihr zwei! Seht nur, ihr habt eine Schwester bekommen«, sagt er und grinst von einem Ohr zum anderen.

Mia springt vor Freude in die Luft. »Super«, ruft sie und schreckt das Baby auf.

Verwirrt tanzen die kleinen Äuglein im Zimmer umher.

»Etwas leiser, Mia«, ermahnt Papa sie.

Erwartungsvoll nähert sich Mia dem Bett. »Kann sie mich sehen?«, fragt sie leise.

Sophie schüttelt den Kopf. »Nein, Mia. Das dauert noch ein paar Wochen. Aber sie erkennt dich an deiner Stimme.«

Ehrfürchtig nimmt Mia die kleinen Finger in die Hand. »Sind die Hände süß! Und so klein«, sagt sie und bringt Papa zum Lachen.

»Ich finde, das ganze Baby ist süß«, sagt er vergnügt und zwinkert Mia zu.

»Wie heißt sie denn?«, fragt Mia neugierig.

»Stella«, antworten Papa und Sophie gleichzeitig.

»Das bedeutet ›Stern‹«, fügt Sophie hinzu.

»Stella ist ein schöner Name«, stellt Mia fest.

Nur Benjamin schweigt.

Er sieht Stella nicht einmal an, dabei war er im Restaurant mindestens genauso aufgeregt wie Mia.

»Benjamin, was ist los?«, fragt Sophie besorgt.

Benjamin zuckt mit den Schultern. »Jetzt bin ich wohl ganz abgeschrieben, was?«, sagt er kaum hörbar.

Papa und Sophie schauen sich vielsagend an.

Dann reicht Sophie Stella an Mias Papa und zieht Benjamin in ihre Arme. »Du bist auch mein Kind und ich werde dich nie abschreiben. Was redest du für ein dummes Zeug?«

Papa setzt sich mit Stella auf einen Stuhl.

Mia geht zu ihm und lehnt sich gegen seine breiten Schultern.

Papa zwinkert ihr erneut zu.

Mia lächelt.

Sie weiß, dass Papa sie mindestens genauso lieb hat wie die kleine Stella.

Zufrieden atmet Mia auf.

Endlich hat sie eine kleine Schwester. »Jetzt sind wir eine richtige Patchworkfamilie«, sagt sie lachend. »Und Stella ist der Flicken, der uns alle miteinander verbindet.«

»Genau«, lacht Oma erleichtert. »Und als Geburtsgeschenk haben Opa und ich uns überlegt, dass wir dich zwei Wochen mit in den Harz nehmen.«

Überrascht schaut Mia zu Papa.

Papa nickt.

»Ich darf mit euch in den Urlaub fahren?«

Oma und Opa nicken.

Begeistert will Mia in die Hände klatschen, erinnert sich jedoch daran, dass sie Stella damit erschrecken könnte und hebt kichernd die Schultern. »Das ist so, so cool! Benjamin hat Recht. Stella führt sich richtig gut ein.«

Die ganze Familie lacht, nur Stella nicht.

Sie liegt in Papas Arm und schläft.

ENDE

Liebe Leserin, lieber Leser,

vielen Dank, dass du dich mit mir zusammen auf die Suche nach Antworten gemacht und mit Mia auf Entdeckungsreise gegangen bist. Mir ist das kleine Mädchen mit seinem frechen Pinguin mächtig ans Herz gewachsen.

Falls du mir eine besonders große Freude machen willst, dann schreibe doch bitte im Twentysix-Shop und/oder bei Amazon (oder einem Online-Buchhändler deiner Wahl) in einer Rezension, wie dir das Buch gefallen hat.

Egal, wie umfangreich deine Beurteilung ausfällt, als unabhängige Autorin ist es sehr wichtig für mich, Bewertungen zu bekommen.

Tausend Dank dafür!

Herzbuch-Autorin und Illustratorin

Als Herzbuch-Autorin stehe ich für kind- und jugendgerechte Aufklärung mit Herz. Ich habe nicht nur die Aufklärungsreihe „Mia - Aufklärung mit Herz" mit brisanten Sachthemen und harten Fakten über Homosexualität, Trauerbearbeitung, Flüchtlinge, Mobbing, Sexualität, Transgender und Drogen geschrieben, sondern ebenso Märchen und Komödien, die auch dein Herz zum Lächeln bringen.

Mein Geheimnis? Ich liebe meine Arbeit, und das seit meinem 9. Lebensjahr.

Willst du mehr über mich wissen, dann besuche meine Website
https://www.lilly-froehlich.de/

Quizfragen zur Mia-Reihe findest du übrigens auf www.antolin.de.

Bestseller ohne Cover?

Unmöglich!

Wir geben deiner Kunst ein Gesicht.

Hole dir noch heute deine kostenlose Erstberatung!

https://isabelleferrara.myonlinemail.de/

https://www.nuebedia.de/kuenstler.html

Ebenso im Handel erhältlich als Taschenbuch und E-Book

**Andersrum - Mia und die Regenbogenfamilie
(Band 2)**

Aufregung in Bärenklau! Mias Klasse bekommt Zuwachs – ein Zwillingspärchen aus der Hauptstadt. Nils und Amelie haben zwei Mütter, leben also in einer Regenbogenfamilie, und davon haben die Bewohner in Bärenklau noch nie gehört, erst recht nicht die Klasse 3b. Und so beschließt ihr neuer Klassenlehrer, Herr Knabe, die unterschiedlichen Familienformen im Unterricht zu besprechen. Ganz zum Ärger von Thomas' Vater, der einen Riesenwirbel veranstaltet, um Herrn Knabe auszubremsen. Mia freundet sich mit den Zwillingen an und stellt schnell fest, dass zwei Mütter fast ganz normal sind – Regenbogen eben!

**ISBN: 978-3-740765583
Ab 7 Jahre
Von der AJuM der GEW für Schulen empfohlen!**

Ebenso im Handel erhältlich als Taschenbuch und E-Book

**Neuanfang - Mia und die Flüchtlingsfamilie
(Band 3)**

Die Bürger von Bärenklau sind nervös und haben Angst. Menschen aus fremden Ländern, in denen Krieg herrscht, sollen in ihrem kleinen Ort untergebracht werden. Dabei ist das Dorf doch viel zu klein, niemand spricht Arabisch und die Fremden verstehen kein Wort Deutsch. Als das Flüchtlingskind Samira in Mias Klasse kommt, spaltet sich die Klassengemeinschaft, genauso wie das Dorf, in zwei Lager: diejenigen, die die Fremden ablehnen und diejenigen, die sich über den Neuzuwachs freuen. Aber reicht das aus, damit die neuen Dorfbewohner heimisch werden?

**ISBN: 978-3-740-765590
Ab 8 Jahre**

Im Handel erhältlich als Taschenbuch und E-Book

Überlebenskampf - Mia und die Zirkusfamilie (Band 4)

Hurra, der Zirkus ist da! Mia freut sich riesig auf die Vorstellung, doch die Freude wird durch demonstrierende Tierschützer getrübt. Als die beiden Zirkusmädchen Tina und Toulouse in Mias Schulklasse kommen, tauchen eine Menge Fragen auf. Mia besucht mit ihren Mitschülern den großen Circus Diadem und die Tierschutzorganisation von Bärenklau. Hier dürfen die Kinder einen Blick hinter die Kulissen werfen. Bei Mia geht es also mal wieder turbulent zu und ein tragischer Unfall auf der Klassenreise am Meer führt zum Gefühlschaos.

ISBN: 978-3-740-765606
Ab 8 Jahre

Im Handel erhältlich als Taschenbuch und E-Book
Entmobbt - Mia und die Pflegefamilie
(Band 5)

Mobbingopfer können sich nicht von alleine aus der Mobbingfalle befreien und Mobber hören mit dem Schikanieren von sich aus auch nicht wieder auf. Das müssen Mia und ihre Freunde schnell feststellen, als Michael über einen längeren Zeitraum immer heftiger von Lennard, Boris und Hannes geärgert und verletzt wird. Sie wenden sich an ihren Klassenlehrer Herrn Knabe, der Anti-Mobbing-Experten an die Schule holt. Nach einem Selbstmord an der Schule organisiert der Schülerrat das Projekt „Schule ohne Rassismus - Schule mit Courage". Zeitgleich erfährt Mia nicht nur, dass ihre Tante eine „Bereitschafts"-Pflegemutter ist, sondern ihr langjähriger Kumpel Lucas ein Pflegekind. Warum lebt er in einer Pflegefamilie und was bedeutet das überhaupt? Warum hat er so ein großes Geheimnis daraus gemacht?

ISBN: 978-3-740-765613
Ab 10 Jahre

Ebenso im Handel erhältlich als Taschenbuch und E-Book
Ungewollt - Mia und die Teeniefamilie
(Band 6)

Bella Lustig ist Mias Klassenkameradin und eigentlich recht unauffällig. Heimlich trifft sie sich mit dem Mädchenschwarm der Klasse, Boris Brotmayer, und plötzlich ist sie schwanger. Mia, Emma und Amelie sind geschockt. Bella ist doch erst 15! Der Klassenlehrer, Herr Knabe, holt sich externe Unterstützung, um die Klasse aufzuklären. In einer Projektarbeit bekommen die Schüler ein Baby-Dummy, eine Puppe, die schreit, wenn sie versorgt werden will.
Unglücklicherweise sind Bellas Eltern gegen die Schwangerschaft. Als das Baby da ist, fühlt sich Bella schnell überfordert. Und mit einem Mal ist es gar nicht mehr so aufregend, ein Baby zu haben, denn Bella muss sich Tag und Nacht um die Kleine kümmern. Bald ist sie am Ende ihrer Kräfte - eine Lösung muss her. Werden Mia und Emma ihr helfen können?

ISBN: 978-3-740-765620
Ab 12 Jahre

Im Handel erhältlich als Taschenbuch und E-Book
**Seelenchaos - Mia und die Adoptivfamilie
(Band 7)**

Transgender? Transidentität? Transsexualität? Das sind Begriffe, mit denen sich bisher kein Bärenklauer auseinandersetzen musste! Als Christina in Mias Klasse kommt, sorgt sie für Wirbel, denn Christina möchte ›Chris‹ genannt werden und sagt, sie sei ein Junge - ein ›Trans*Junge‹. Davon wollen Chris' Eltern jedoch nichts hören. Mias Klassenlehrer, Herr Knabe, holt Fachleute in die Schule, um sich und die Schüler der Klasse 8b über Transidentität aufzuklären. Aber auch Chris' Freundin René hat ein Problem: Sie hat herausgefunden, dass sie als Baby adoptiert wurde und ist deswegen von zuhause weggelaufen. Warum haben ihre Adoptiveltern das verschwiegen? Und wer sind ihre leiblichen Eltern? Mia und Emma wollen helfen. Aber reicht das, um Chris Anerkennung als Jungen zu verschaffen und René wieder mit ihren Adoptiveltern zusammenzuführen?

ISBN: 978-3-740765637
Ab 12 Jahre

Ebenso im Handel erhältlich als Taschenbuch und E-Book
Drogen(un)glück - Mia und die Stieffamilie
Band 8

Als Mia mit ihrem Freund Thomas in die Teeniedisco geht, schüttet ein Fremder die illegale Droge Crystal Meth ins Glas, welches Thomas unbeobachtet stehen lassen hat. Thomas kann daraufhin drei Tage nicht schlafen, spürt keine Schmerzen, hat keinen Hunger und wird aggressiv. Mia ist geschockt, als er plötzlich anfängt Cannabis zu rauchen. Thomas' Eltern stellen fest, dass sie Thomas mit Vernunft und Aufklärung nicht zu kommen brauchen, denn die Baustelle im Kopf, die die Pubertät verursacht, ist gar nicht so einfach zu überlisten. Auch der Klassenlehrer, Herr Knabe, versucht die Jugendlichen durch einen Drogenberater von den Drogen wegzukriegen.
Thomas rutscht immer tiefer in die Drogenszene und auch Michael, der Stress mit seinem neuen Stiefvater hat, sucht Ablenkung im Drogenkonsum. Mia und Emma versuchen, die Jungs zu bekehren, aber reicht das aus?

ISBN: 978-3-740-765279
Ab 13 Jahre

Ebenso im Handel erhältlich als Taschenbuch und E-Book
Interview mit Rumpelstilzchen Junior
(Märchen)

Emma Valentino wollte Steven nur eine Einladung zur Kostümparty geben. Doch dann saß sie plötzlich in einer Waldhütte vor einem zotteligen Zwerg, der behauptete, Rumpelstilzchens Sohn zu sein.

Er ist es leid, dass sein Vater als Bösewicht in die märchenhafte Geschichte eingegangen ist, und will endlich mit den Vorurteilen aufräumen.

Im Gegenzug für das Interview hat er Emma ein Date mit Steven versprochen. Und so purzelt sie in ein märchenhaftes Abenteuer mit vielen Überraschungen.

ISBN: 978-3-740-705640
Ab 10 Jahre

Ebenso im Handel erhältlich als
Taschenbuch und E-Book
Zabzaraks Spiegel
(Fantasybuch)

Die Erde war einst ein Ort, an dem Menschen und Lichtwesen friedlich miteinander lebten. Doch eines Tages erklärte der machthungrige Zauberer Tarek Su Zabzarak den Krieg. Er tötete das gütige Herrscherpaar Lady Tizia und Lord Kodron. Dann stahl er den Elben das Lachen und die Musikinstrumente, so dass sie keine Menschen mehr heilen konnten. Zabzarak krönte sich selbst und wurde zum Herrscher über Zaranien. Etwa tausend Jahre später half ein Junge namens Merlin seinen Freunden bei der Suche nach einem Kater. Dabei durchbrach er den Schleier des Vergessens. Jeremy und Lissy versuchten ihn aufzuhalten und landeten mit ihm in Zaranien, dem Land der Elben und Feen. Sind die drei Freunde tatsächlich die Auserwählten? Können sie es mit dem schwarzmagischen Zauberer und seiner Armee aufnehmen?

ISBN: 978-3-740-745875
Ab 9 Jahre

Als Taschenbuch und E-Book im Handel erhältlich

Susannah-Bücher

Band 1 - Bänker sind vom Schnöselplaneten - Echt!
(ISBN: 978-3-740733261)

Band 2 - Und Clowns sind aus dem All - Echt!
(ISBN: 978-3-74074309)

Band 3 - Kinder sind vom Mars - Echt!
(ISBN: 978-3-740743604)

Susannah Johnson hat eine Pferdemähne wie ein Haflinger, einen Hintern so groß wie ein Mini-Ufo-Landeplatz und als Tochter einer wirklich biestigen Mutter nimmt sie so ziemlich jedes Fettnäpfchen mit. Sie glaubt fest an das (australische) Rumpelstilzchen und natürlich an (verschlafene) Sachbearbeiter im Universum, die ihr ständig die falschen Typen vor die Nase setzen.
Aber dann endlich findet sie ihren Traummann und natürlich macht auch das Familienglück vor diversen Pannen kein Halt.

Urkomische Bücher für alle, die mal wieder so richtig lachen wollen.

Ebenfalls als Taschenbuch und eBook im Handel erhältlich

Ein Zwilling kommt niemals allein
ISBN: 9-783-740-75298-9

Melina Klein wird auf einer Musiksession von Amors Liebespfeil vergiftet, nur leider hat Amor vergessen, die Adresse des Auserwählten an den Pfeil zu kleben. Benjamin Müller ist leider nicht nur Ehemann, sondern auch ein Zwilling. Als Henri Müller auf Melina trifft, nimmt der Zwillingstausch seinen Lauf!

Du schon wieder
ISBN: 978-3-740-75312-2

Anabelle Hausstein, Lehrerin, könnte mal ein Blind Date vertragen, findet ihr Bruder. Doch der Anvisierte, Phineas Thor Marvelin, Polizist, ist alles andere als begeistert von dem schlagfertigen ›Nilpferd‹. Finden die zwei trotz Fehlstart zueinander?

Millionär auf Abwegen
ISBN: 978-3-740-75315-3

Henrik Amandus Edmundus, Multimillionär, hat die Nase voll von ›Geldgeierladys‹ und trifft ausgerechnet auf Kathalea Pfennigbaum, die es satt hat, alle Männer durchzufüttern. Aber schafft es der Sachbearbeiter im Universum, einen angeblichen Müllmann mit einer ›Millionärjägerin‹ zu verkuppeln?